IN DEFENSE OF TROUBLEMAKERS

The POWER of DISSENT in LIFE and BUSINESS

异议的力量

为生活和职场中的“捣乱者”辩护

[美] 查兰 · 奈米斯（Charlan Nemeth） 著　胡小锐 译

中信出版集团 | 北京

图书在版编目（CIP）数据

异议的力量/（美）查兰·奈米斯著；胡小锐译
. -- 北京：中信出版社，2019.7
书名原文：In Defense of Troublemakers: The Power of Dissent in Life and Business
ISBN 978-7-5217-0604-8

I. ①异… II. ①查… ②胡… III. ①社会心理学
IV. ①C912.6–0

中国版本图书馆CIP数据核字（2019）第093412号

异议的力量

著　　者：[美] 查兰·奈米斯
译　　者：胡小锐
出版发行：中信出版集团股份有限公司
（北京市朝阳区惠新东街甲4号富盛大厦2座　邮编　100029）
承 印 者：三河市中晟雅豪印务有限公司

开　　本：880mm × 1230mm　1/32　　印　　张：7　　字　　数：150千字
版　　次：2019年7月第1版　　印　　次：2019年7月第1次印刷
京权图字：01–2019–1942　　广告经营许可证：京朝工商广字第8087号
书　　号：ISBN 978-7-5217-0604-8
定　　价：56.00元

谢尔盖、亨利和莱恩是我生命中的“牧师”，让我学会了如何关心他人；

布伦丹和劳伦让我学会了如何爱他人；

谨以此书献给他们！

前　言　一个关于共识与异议的新故事　/V
向关于共识的流行观点发起挑战　/XII
全书内容导览　/XVIII

第一部分　“多数派”与“捣乱者”——说服的艺术

第 1 章　多数派的影响力和说服力　/005

第 2 章　即使只有一个人持不同意见，结果也会大不相同　/017
就算异议是错误的，也有助于增强思考的独立性　/017
做唯一的特立独行者是需要勇气的　/021

第 3 章　提出异议是一门艺术，足以改变人的观点和决策　/027
一场漫长而艰难的战斗　/031
坚持到底和做出妥协的艺术　/036
持异议者的“隐性”影响力　/040
少数派如何成功地说服了多数派？　/043

第二部分　共识与异议——打破常规性思维，激发创造性思维

第 4 章　共识让人的思维方式单一化，行动与决策失去理性　/ 055
通往错误判断和决策的共识之路　/ 056
从偏倚的思维方式到糟糕的决策　/ 056
专注力有时可能是一个不利因素　/ 068
飞机驾驶舱里的致命思维方式　/ 069
共识和专注力的另一面　/ 072

第 5 章　异议有助于激发发散性思维，强化思考能力　/ 075
异议可以增强思考的独立性　/ 077
异议可以激发发散性思维　/ 078
两个案例：一部电影和一个真实的故事　/ 085
在关注点和不同的策略之间灵活转换　/ 089
异议、创造性思维和头脑风暴　/ 093

第三部分　团体迷思与思考者群体——更明智的决策和更具创新性的解决方案

第 6 章　群体决策：经常出错，但从未受到质疑　/ 103
达成共识的欲望、群体极化与隐藏信息　/ 109
从失败中吸取教训：建立真正的异议文化　/ 118

第 7 章　如何做出更佳决策：异议、多样性与魔鬼代言人法　/ 123

多样性的虚假承诺 / 124
异议是最好的“解药” / 135
比虚假承诺更糟糕的魔鬼代言人法 / 138

结 语 让我们欢迎异议，欢迎“捣乱者” / 151
本书不关注哪些内容 / 152
本书关注哪些内容 / 157
这里不是玫瑰园，但有玫瑰 / 164
本书的主要思想 / 165

致 谢 / 167
注 释 / 171

一个关于共识与异议的新故事

本书主要讨论如何做出判断和决策这个问题，具体来说，就是讨论在做判断时如何应对其他人的影响。达成共识的多数人与提出不同意见的少数人，会对我们产生截然不同的影响。本书将告诉读者，多数人达成的一致立场，即使是错误的，或者与摆在我们面前的事实不符，也有可能动摇我们的判断。

无论我们是否同意大多数人的观点，它都会对我们的思维方式产生巨大影响，这是共识的一个隐藏得更深的特点。不知不觉中，我们就会从多数人的角度看待这个世界。无论是搜集、理解信息，或者运用某种策略来解决问题，还是寻找解决方案，我们都会站在多数人的角度，思路也会受到限制——与多数人保持一致。总的来说，如果采纳多数人的观点，我们做出的决策就不会十分高明，思维也不会富有创造性。

少数人发出的不同声音也会影响我们，持不同意见的人也能左右我们的观点。尽管他们需要经过一番艰苦的努力，但最终也有可能让我们同意他们的观点。在说服我们的过程中，持不同意见的人对“为什么”和“如何”这两个问题的回答与大多数人不同。他们的劝说更间接，需要的时间更多，说理时的起承转合也更加微妙。

也许最重要的是，异议还会影响我们思考问题的方式，影响我们的立场或决定。面对异议，我们的思维不会像我们面对一致意见时那样狭隘。事实上，异议可以拓宽我们的思路。如果没有异议，我们往往各行其是；与之相比，在面对不同意见时，我们的思维更加开放，可以从多个思考方向中做出取舍。我们会考虑更多的信息、更多的选择，会使用多种策略解决问题，我们的思维将更具发散性和创造性。所以，异议对于决策的质量具有非常重要的意义。总的来说，共识有损于决策的质量，而异议有益于决策的质量。

尽管异议对我们是有益的，但让持有异议的人站出来唱反调却并非易事。当我们的想法或者信念与周围人不同时，我们就不敢确定自己到底对不对。事实上，我们往往认为“真理存在于数字中”，当发现自己属于少数派时，我们就会认为错的人肯定是自己。此外，提出异议常常会遭到嘲笑或拒绝，因此我们担心害怕、犹豫不决，甚至畏缩不前、三缄其口。但是，有意见却不发表出来，就有可能导致不良后果。如果个人不愿意发表意见，群体就会蒙受损失，错失机遇。更糟糕的是，如果一个群体迫于形势，只从某一个角度考虑问题，并在很短的时间内做出判断，就有可能做出非常糟糕甚至是致命的决定。

1978年，距离圣诞节还有3天时间，美国联合航空公司的173号班机从纽约肯尼迪机场飞往俄勒冈州波特兰市。按照计划，飞机先经停丹佛市，然后在下午5点多到达波特兰。机上一共有196人。机组人员都有丰富的飞行经验。看起来，一切都非常顺利，没有任何异常。

当飞机接近波特兰准备放下起落架时，突然，随着“砰”的一声巨响，飞机开始震动并打起转来。肯定出问题了。机组人员怀疑起落架到底是放下了还是锁死了。他们可以肯定飞机出问题了，但他们并不知道究竟是什么问题。

飞行员决定中止着陆，着手查出问题并确定最佳行动方案。于是，飞机被切换至等待航线的模式。在当时看来，这似乎是一个谨慎且明智的决定。

在随后大约45分钟的时间里，机长和机组人员进行了认真的调查，并动员乘客做好思想准备。可以说，机上所有人安危与共。但是，飞机的燃料即将耗尽，又一个危机正在悄然逼近。从丹佛起飞时，飞机携带的燃料足够他们抵达目的地，但就在他们全神贯注地考虑起落架问题时，燃料慢慢地耗尽了，而机组人员并没有考虑到这个问题。事实上，由于未注意到这个问题，他们根本没有计算燃料还可以坚持多长时间。

随着燃料耗尽，引擎一个接一个地停止运转。下午6点15分左右，飞机一路俯冲，坠毁在波特兰郊区。坠机地点距离机场只有10千米。飞机几乎是从空中直接坠落到地面，造成10人死亡（包括2名机组人员和8名乘客），还有23人受重伤。

这次事故是如何发生的呢？这里没有“非常嫌疑犯”；机组人员既不存在经验缺乏或者睡眠不足的问题，也不存在玩忽职守或者吸毒行为。之所以发生这起悲剧，一个重要的原因就是，机组人员没有发表自己的意见，至少没有坚定地发表意见。这是为什么呢？

在现实生活中，任何情况都是由多重因素决定的，一系列事件不可能是由单一原因造成的。在本例中，飞机上当时可能会出现几种情况。一种情况是，机组人员完全听从了机长的命令，把注意力都集中到起落架上。还有一种情况是，机组人员在重压之下并没有注意到燃料余量。研究表明，处于高度紧张状态时，人们的注意力范围会缩小。但是，当他们最终注意到燃油油位过低时，他们为什么没有意识到这意味着什么呢？他们为什么没有意识到燃料液面过低可能引发的危险呢？为什么当时没有人说出来呢？

我认为，共识本身不仅会阻碍机组人员发表不同意见，还会影响所有人的思路，导致他们都采取同样的视角。问题不仅出在机组人员关注的焦点上，他们搜寻的信息、考虑的备选方案和采用的策略，所有这些都出了问题。一旦所有人的观点一致，把注意力都集中在起落架上，他们的视角就会变得非常狭窄，只会寻找有关起落架的信息并围绕起落架问题考虑备选方案，而不会考虑他们把注意力全部集中在起落架上是否合适的问题。当与另一个问题（即燃料余量）相关的信息摆到他们面前时，他们考虑得不够全面，也没有意识到他们正面临着越来越危险的境况。事实上，他们甚至没有计算燃料还可以坚持多长时间。美国国家运输安全委员会在事故报告中简要介绍了美国联合航空公司173号班机最后13分钟的情况，从中可以看出这种思维方式到底会造成什么样的后果。

18:02:22，驾驶舱中的飞航工程师说他们大约还有“3个（即3 000磅[①]）油，对，就是这么多”。此时，他们在机场以南，距离机场只有5英里[②]的距离。18:03:23，波特兰机场进场管制站询问飞机燃料情况，机长回答说：“大约还有4 000磅，嗯，就算还有3 000磅油吧。”大约3分钟后，机长说他们将在5分钟内着陆。然而，副机长几乎在同一时间说道：“我觉得4号（引擎）失去了动力。”几秒钟后，他又补充说：“我们马上会失去一个引擎。”

“为什么？”机长问道。

“我们马上要失去一个引擎。”副机长又说了一遍。

“为什么？”机长再次问道。

“没油了。”副机长答道。大约7分钟后，副机长向波特兰机场进场管制站发出警告：“波特兰指挥塔，美联航173号班机紧急呼叫！我

① 1磅≈0.45千克。——译者注

② 1英里≈1.6千米。——编者注

们的引擎熄火，飞机正在下坠。我们将无法到达机场。”

一分钟后，飞机坠毁在波特兰郊区的一片树林中。美国联合航空公司的173号班机在离开丹佛时燃料充足，但在坠机现场，飞机上已经没有“可用燃料”了，它几乎耗尽了所有燃料。

在报告燃料液面过低、仅剩3 000磅油时，飞航工程师竟然轻描淡写地说“对，就是这么多”，为什么没有人大喊一声“马上就没油了！”或者“我们没时间了，必须马上着陆！”。大家似乎步调一致，都在忙着寻找起落架的问题。在听说他们失去了一个引擎之后，机长竟然脱口问道：“为什么？”所有人的关注点高度一致，似乎没有人意识到剩余燃料不足到造成什么严重后果。

在我们当中，谁会有标新立异的想法？谁会发出与众不同的声音？谁敢这样做，就无疑是在跟“站在同一条战线上”的机长和机组人员唱反调。更重要的是，谁会注意到飞机的燃料即将耗尽？当每个人都专注于同一件事时，他们就看不到与之相关的其他信息和不同的选择。我们将在本书中看到，共识会导致整个群体把注意力集中在一处，即使一些显而易见的东西也有可能被错过。

在这个例子中，大多数人都会认识到，如果少数人提出的异议是正确的，这些意见就可能有一定的价值。如果有人语气更加坚定地指出燃料即将不足这个事实，就有可能引起整个机组的重视。即便如此，情况也未见得会有改观，因为我们知道，人们是否会遵循真理，还取决于这些真理掌握在谁手中，而且人们更倾向于随大流，而不是站在少数派一边，无论对错。不仅如此，不同的意见即使不正确，也是有价值的，但认识到这一点的人就更少了。

本书将告诉我们，异议的价值并不在于它的正确性。即使不正确，异议也可以发挥两个作用，并且都与上面的例子有关。第一个作用是，它会阻止我们对多数派的盲从。当共识遭到质疑时，人们的思考就会有更强的独立性。也许更重要的是第二个作用（这也是本书要传递的核心信息），即异议可以激发发散性思维，减少偏见。不同意见促使我们搜集更多信息，考虑更多选择，权衡不同立场的利弊。我冒昧地猜测，如果联合航空公司173号班机上的某个人，当时对其他所有人都把注意力集中在起落架的做法提出质疑，也许在他的提醒下，整个机组会考虑到他们可能面临的其他问题，包括最危险的燃料问题。

当我看到同事和朋友面对多数派字斟句酌地表达不同意见，或者干脆保持沉默时，我就会感到不安。当我看到有强烈控制欲的人掌握着团队的领导权时，我也会感到不安。一旦权力与控制欲相结合，就会表现出一副傲慢的姿态，并压制异议。无论是在机构中，还是在初创企业里，无论是在邪教组织中，还是在合作公寓楼管理委员会里，我们都能看到这种现象。这些领导者不会鼓励团队培养一种欢迎异议的文化氛围，而是杜绝不同意见——如果有人提出不同意见，就会受到惩罚。我甚至看到一些管理委员会的合约利用所谓友好的“团队合作”条款，警示新员工“尊重集体的权威……即使（他们）有不同意见……也不得违背多数人的决定……”。字里行间清晰地表露出他们的态度：不欢迎异议。

本书的观点很宽泛，但我不希望你们把它们视作教条。我也不希望通过讲故事的方式诱使你们凭直觉接受我的这些观点。我更希望用研究事实来说服你们，因为这些事实是从研究中得到的，已受过长时间、多种环境的检验。

但是，我在讨论从研究中得到的一些想法时仍会讲一些故事，不过我的目的是说明这些想法涉及的范围及其适用性。这些想法的涉及面非常广，包括美国联合航空公司的空难、爱德华·斯诺登披露的美国国家安全局秘密计划、琼斯镇惨案、成功对冲基金的决策程序等。此外，我还采访了一些企业的管理者。我希望可以帮助大家了解我们所属群体的影响模式，了解它们对我们思想和决策的质量会产生什么效果。本书将探讨群体发挥影响的复杂过程，希望大家在读完本书后能慎重考虑别人的建议，不要高估共识的价值，也不要低估异议的价值。

向关于共识的流行观点发起挑战

本书的观点不同于我们经常听到的建议或一些畅销书的观点，例如，《纽约时报》畅销书《群体的智慧》作者詹姆斯·索罗维基（James Surowiccki）指出，“多数人”的判断更加准确。尽管这本书很好地纠正了人们过于重视个别“专家”的意见这个错误，但索罗维基并没有意识到，即使持有某种意见的人很多，其准确性也是有限的。这项研究表明，如果涉及的是一些常识，而且人们可以独立做出判断，也就是说，在做判断时不受他人的影响，那么多数人做出的判断都会比较准确。在数字可能导致某一方占据统计优势的评估活动中，这些前提条件显得尤其重要。更令人担心的是，诸如此类的图书可能会在不经意间给人一种错觉，让人误以为多数派的意见十有八九是对的，而不知道它们其实仅在符合某些条件时才有可能是正确的。本书也不同意《基业长青》一书的观点。《基业长青》的作者詹姆斯·柯林斯和杰里·波拉斯将成功与培养相同志趣、压制异议的企业文化联系起来。这类企业文化崇尚团队精神，鼓励同心协力，若有不同意见则圆滑处理（或者干脆闭口不提）。

此外，本书也不认同社会影响研究人员取得的诸多成果。社会影响研究是一个有着悠久历史的社会心理学领域，人们通常认为社会影响是真正的核心问题，因为它涉及“人们对他人信仰或行为”的影响。但是，社会影响研究大多表现为两种倾向。一种倾向是，认为影响力是由强的一方作用于弱的一方，由多数派作用于少数派。因此，关于多数派说服力的研究比比皆是，而关于少数派如何说服多数派的研究却如凤毛麟角。虽然现在的研究已经证实少数派同样有说服力，但许多业内人士仍不以为然，或者认为少数派与多数派在说服方式上没有任何区别。本书将告诉各位读者，这种观点是不正确的。多数派和少数派说服他人接受其观点的方式大不相同，而且表现各异。

除此以外，社会影响研究的相关文献还表现出另一种倾向：他人影响我们的思想、信仰和行为并使之趋同的过程非常复杂，但研究人员往往会低估其复杂程度。社会影响的内容十分宽泛，如果简单地用说服力来表示，就无异于把所有注意力都集中在如何说服他人同意你的观点，对你言听计从或接受你的立场上。如果你对某位新员工的偏爱导致其他员工的不满，你就会想办法让他们接受这种偏爱。作为陪审团成员，如果你赞成某个有罪判决，你就会说服其他陪审员对有罪判决投赞同票。几十年来，社会心理学家一直围绕这种狭义的说服力（谁可以说服他人接受他的观点？何时、如何及为什么可以做到这一点？）来研究影响力，并利用一种比较简单的方式测量影响力的大小。如果刚开始时你持立场A而我持立场B，一旦你放弃立场A而改持立场B，就意味着我成功地说服了你。如果我们只度量由立场A至立场B的变化，就可以降低研究的难度。

但是，说服力不同于改变一个人思考问题的方式，也不同于激发思维。在被告有罪或无罪的这个问题上，在你把你的立场告诉我之后，如果我把所有证据重新梳理一遍，并且对支持或反对该立场的理由是否充分、是否还有其他可能性等问题进行认真思考，就说明我的思想已经受到了你的影响。最后，我可能不同意你的观点，但你已经对我的思维方式和我做出的判断或决定的质量产生了影响。在大多数研究者眼中，我的这个决策过程是好的，总的来看可以做出明智的判断。站在犯罪现场尸体旁的某个人逃走了，这是因为他有罪，还是因为他害怕受到指控呢？如果我考虑到这两种可能性，而不是匆忙做出判断，就有可能做出更准确的决策。从研究的角度看，应激思考不像说服过程那样易于系统化，因此你必须想办法测量人们搜集了哪些信息，他们面临哪些选择，他们的决策质量如何，以及他们的解决方案是否富有创造性。本书将告诉大家一个好消息：我们已经找到了可靠的测量方法。

如果我们只研究说服力，即以获得一致意见为目标的比较狭隘的影响形式，我们的研究就无法触及决策的质量。由于我们的评估在一定程度上依赖于我们自己的价值观，因此我们很难了解一个决策是否正确。兼并这家公司是一个好主意吗？ 10比2的多数裁决是正确的吗？ 12比0的裁决是否正确呢？我们不能肯定。在O. J. 辛普森案中，刑事案件陪审团给出的是“无罪”裁决，而民事案件陪审团的裁决结果是“有罪”，哪个陪审团是正确的呢？对于这个案子，我们都有各自的看法，也都善于为自己的立场做辩护。因此，评估决策质量的最佳方法是评估决策过程。

对于好的决策过程，我们确实有所了解。总的来说，好的过程会形成好的决定。好的决策的核心是发散性思维，思维发散后，我们就会从多个角度思考问题，搜寻信息、考虑事实也会面面俱到，正反两个方面都能兼顾。糟糕的决策过程则恰恰相反，收敛性思维常会导致我们视野狭窄，把注意力集中在一个方向上，在搜寻信息、考虑事实时也会刻意维护当初的偏向性。我们往往不考虑自己的立场有什么不足，也不考虑事实是否有其他理解方式。

上小学时，算术老师可能教过你用两种不同的方法检查作业。直至今天，我在检查计算结果时也不会简单地把同样的加法运算再做一遍或者两遍，因为这样的检查方法很有可能导致我重复前面犯的错误。我会换一种方法，从和中减去一个数，看差是多少。即使把15和28相加几次，我仍然有可能认为和是33（而不知道正确答案是43）。如果我用33减去15，就会发现我犯了一个错误，因为33减去15并不等于28。这时，我的检查工作可能会更细致，并最终发现15与28相加正确的结果是43。通过发散性思维，也就是说，从多个角度考虑问题，我们可能会做出更好的决定，而异议恰恰有助于激发这种思维。

我本人对应激思考重要性的认识，源于长期以来我对陪审团决策过程的浓厚兴趣。在研究陪审团决策和咨询律师的过程中，我意识到影响力的威力远大于说服力。我还意识到，让我更感兴趣的不是谁“赢了”，而是陪审团决策的质量。如果我把如何构思开庭和结案陈词更有助于增强说服力的秘密告诉律师，从而让他们打赢官司，我就可以大赚一笔。我还可以告诉律师如何根据陪审团的动态，找出陪审团中的哪些成员不仅会投出不利于我们的票，还有可能用自己的观点说服其他陪审员，然后利用无因回避制度，将他们从陪审团名单中剔除。如果你把注意力集中在如何获胜上，那么你关注的全部内容就是说服——让所有人都同意你支持的立场。但是，我清楚地意识到我的兴趣在于决策的质量，即公正性。我并不关心谁打赢了官司，我关心的是这个判决是否正确。

在最初的研究中，我和我的同事都注意到，当有异议存在时，决策的质量就有所提高。当意见不统一时，我们的模拟陪审团就会关注更多的事实，并且会采取更多的视角去看待这些事实。正是由于这一发现，我们在随后几十年的时间里研究了异议对我们思考问题、解决问题，以及探寻解决方案的方式到底有哪些激励作用。与此同时，我们还发现共识同样可以激发我们思考，但激发的方式与异议截然不同。

我们的大多数实验都是为了研究共识和异议而设计的，我们预测并发现，基于观察“多数派”影响力的实验与基于观察“少数派”影响力的实验会得出迥然不同的结果。不仅如此，我们还发现这种模式反复出现在实验结果中。众口一词使我们视野狭窄，各抒己见则让我们思路开阔，两者都会影响我们的决策质量。我们的研究和本书希望大家牢记：意见一致有风险，各抒己见有好处。

在当今社会，我们常会听到内容正好相反的建议。有人不停地在我们耳边鼓吹友好相处和“融入”群体文化的好处，告诫我们要相信多数人的智慧，并提醒我们特立独行、不“融入社会”和“敢于发表”不同意见可能会造成哪些后果。

许多书籍、咨询专家和学者都赞同“融入社会”，这条建议在一定程度上是正确的。招人喜欢、关系密切当然有好处，而持有异议当然有风险。但是，这些建议往往忽略了一点：关系密切是要付出代价的——前提是我们必须保持一致的立场。这常会导致我们考虑问题草率、决策质量低下和创造力减弱等问题，甚至会造成厌倦心理、抗打击能力降低和情绪麻木等后果。当所有人都相互逢迎、相互吹捧却闭口不谈面临的棘手问题时，你是否有难以忍受的感觉，你是否想大喊一声“我们要雇用这个家伙？太荒唐了！”或者“我们真的应该兼并这家公司吗？”。

日本有句谚语：冒头的钉子挨锤敲。不过，我们经常面临的问题是没有吃得住劲的钉子。众口一词一旦成风，随之而来的就是从众效应，这使得群体过程看起来更像团体迷思[①]。组织对其内部发生的不道德行为和各类问题都秘而不宣，也没人会认真考虑这些问题。人人谨言慎行，对何时应该发言、何时应该三缄其口各有自己的一套策略。

① 团体迷思（groupthink）是美国心理学家欧文·詹尼斯（Irving Janis）于1972年提出的一个概念，用于形容团体做出不合理决策的过程。——译者注

我们无时无刻不在从事这种无聊的活动，与很多戴着假面具的机会主义者打交道。当然，并非所有人都是机会主义者。有些人真的相信多数派的立场，但由于渴望迎合多数派和成为多数派的一员，因此他们的言行同样会受到影响。当团体迷思占据主导地位时，个人就有可能得不到贡献价值的机会，无法在决策或者解决问题的过程中提供自己的经验和意见。与此同时，异议的激励作用也得不到充分发挥。

质疑他人的意见需要勇气。我认为，提出异议还需要说服力。提出不同的观点会让人不高兴，如果别人不同意我的观点，我也会生气。但是，我确切地知道，他们的质疑可以提高我的决策水平，使我在解决问题时更具创造力。

我还知道，这些好处并不是源于人口特征（年龄、性别、种族等）的多样性，也不是源于教育和培训。尽管这些教育和培训的本意是好的，但它们带给我们的好处非常有限，而且往往被夸大了。我知道，这些好处来源于意见不统一，来源于我们受到的质疑。当有人真的持有并多次表达不同意见时，就会给我们带来裨益。

全书内容导览

本书第一部分重点讨论说服力，并通过大量研究来说明多数派和少数派如何让我们接受他们的观点。我希望你们了解多数派的影响力并因此心存警惕，因为无论对错，我们都习惯于顺从多数派的意见，在无人提出质疑时更加如此。我们常常认为真理存在于数字之中，而不是理性地评估信息。问题在于，我们总是不假思索地这样做，我们盲目地相信大多数人。从消费者行为、广告活动、股市泡沫，以及我们日常生活中的所见所闻和相信的东西中，都可以看到这种倾向。

即使在上述情境中，我也希望你能看到异议的价值。只要有一个不同的声音，就能让我们摆脱对多数派的盲从。异议有助于我们更独立地思考，让我们“知道自己知道什么”。异议还有可能说服我们，促使我们认同它的立场。本书将告诉大家，与多数派相比，少数派说服我们的过程更有技巧性。鉴于人们不愿意接受异议的原因有很多种，我们需要巧妙地利用一些非常简单的程序和技巧，例如，改变发言的先后次序。我们将看到，这些程序和技巧有可能大幅提升异议的说服力。

一旦我们更好地理解了共识和异议是如何让人们接受的，就能理解为什么它们激发的思维会有所不同。本书第二部分主要讨论这方面的内容，我职业生涯的大部分时间也都投入了这个研究领域。借助详细的研究证据，我们将了解共识和异议是如何激发我们的思考方式和决策方式的，我们还将看到这些激发过程反复出现在实验和现实生活的不同情境中，例如，琼斯镇惨案和爱德华·斯诺登泄露美国国家安全局数据事件。

本书第三部分讨论群体问题和实际应用。群体是非常复杂的，因为它涉及多人之间的互动。不过，多项研究表明，群体在达成共识的方式和原因方面表现出一些既定模式。群体往往很快就会达成共识，而且达成共识的理由不太充分。其中一些模式可以用“团体迷思”这个流行术语描述。我们还将看到异议有改善群体决策的作用。异议不仅可以防止团体迷思，还可以提高决策过程的质量。

本书并不是建议我们应该制造异议，而是建议我们应该允许异议存在，并在异议出现时欣然接受它。这种区别很重要，因为有效异议的最重要因素就是它的真实性，正如我们的研究反复强调的那样。这也是魔鬼代言人之类的方法不起作用的一个原因。魔鬼代言人法是角色扮演，不能像真实的异议那样质疑偏见或激发发散性思维。头脑风暴时，“不要批评他人的想法”之类的规则之所以不可取，真实性也是原因之一。

读完本书后，我希望你能认识到共识的隐患，并因此提高警惕；尤其在你独立思考时，我希望你能运用一些减少自动化思维的技巧，更充分地认识到思考对你本人的重要意义。作为一名领导者，我希望你能更好地管理群体决策过程，有办法让讨论保持开放性，避免草率地做出决定。同样重要的是，我希望你能学会欢迎异议而不只是容忍它，并懂得即使错误的异议也是有价值的。

最重要的是，我希望本书能说服你不再压制异议。我们都容易受到偏见的影响，也经常会形成某些偏见，例如，我们倾向于让那些与我们意见不合以致激怒我们的人闭嘴。但是，异议可鞭策我们成为更有深度的思考者。异议在促使我们考虑所有立场的对错时，也会让我们反复考虑自己的立场。仔细分析的话，我们自身的立场也必然有其优缺点。

本书最希望实现的目标就是解放你的思想。它的一个表现形式是让你“敢于开口”：勇敢地告诉医生，他可能正在给病人的健康身体部位做手术；或者勇敢地告诉你的老板，他的最新计划有一个致命缺陷；或者勇敢地告诉你最好的朋友，她准备购买的那件价格不菲的连衣裙并不适合她。你会满怀希望去对抗你认为错误的决定，因为你知道即使你说服不了别人，你也会激发他的思考。你会知道，你的发言总的来说改善了群体决策和判断。

解放思想的另一种表现形式是，你不再害怕与和别人持不同的看法。不管你是否决定把它表达出来，你都不想失去“知道自己知道什么”的能力。你也不想成为自我洗脑的牺牲品，自我洗脑常与共识和归属的需要形影不离，邪教组织和施虐者都深谙自我洗脑的威力。认识他们和你自己的力量来源，就是一种解放。

美国参议员威廉·富布赖特（William Fulbright）说过：“我们必须学会欢迎，而不是害怕不同的声音。”我非常喜欢也经常引用这句话，我发现它可以高度概括本书的内容。或者，还可以加上马克·吐温的话：“每当发现自己站在大多数人的一边时，就是时候改变立场或者停下来反思了。”

第一部分

“多数派”与“捣乱者”
——说服的艺术

让他人接受你的观点是一门艺术，即说服的艺术。事实证明，一方面，多数派的优势明显，他们几乎无须努力就能说服我们。他们占据多数这个简单事实，足以让人们接受或顺从他们的观点。事实上，即使我们认为他们错了，我们也常会瞬间屈服于他们的强大影响力。多数派有让现实低头的能力。

另一方面，少数派则必须付出艰辛的努力才能说服我们。我们不会轻易接受他们的观点，我们甚至有很多理由反对他们。持异议的人（即少数派）不可能很快说服别人，他们必须花费大量时间，并借助精心的设计，才有可能达成目的。即使我们接受少数派的观点，也通常是因为我们的态度真的发生了变化。也就是说，我们已经相信这种观点了，所以我们才会选择接受或者表示同意。

第1章

多数派的影响力和说服力

我们可以用经典电视节目《偷拍镜头》(*Candid Camera*)来证明多数派的影响力。这个节目在科学性方面或许有所欠缺，但它的趣味性非常强。大家应该还有印象吧？在节目中，艾伦·芬特(Allen Funt)做了一些街头“实验”，然后偷偷拍下普通行人的反应。我非常喜欢1962年拍摄的那个叫作“面朝后方”的片段。芬特让三个人(他雇用的实验助手)尾随一个不知情的人进入同一部电梯。电梯门关上时，这三名实验助手都转过身，面朝电梯后壁。等到电梯门打开时，我们看到那名不知情的乘客也随大流地面朝电梯后壁。电梯门再次关上时，三名实验助手又转过身，面朝电梯侧壁。等到电梯门再次打开时，所有4个人都面朝侧壁——尽管那名不知情的乘客一脸困惑的表情。随后，三名实验助手摘下帽子，那名不知情的乘客也跟着摘下了帽子；实验助手把帽子戴上，那名不知情的乘客也跟着戴上了帽子。

至今，我仍然会把这个片段播放给学生看，学生在观看时仍然会哄堂大笑。原因很简单，那就是这个简短的片段触及了人类行为的本质。电梯里的那位不知情的乘客不知道其他三人为什么要转身，但他认为他们肯定知道一些他不知道的事情，比如，电梯是在后侧开门。（我们大多数人也会有同样的想法。）于是，他也跟着转身了。即使电梯门打开后他发现大多数人都错了——他们面对的并不是电梯门，他仍然会跟随大多数人完成同样的动作。

多数派的影响力非常大，常使我们同意他们的观点或仿效他们的行为。这种影响力直接又有效，而且无处不在。即使是关系到我们日常生活的决策，比如，在飞机驾驶舱里、外科手术室里或者在陪审团审议过程中做出的那些决定，都有可能受其影响。我们已经看到，由于大多数人断定起落架是关键问题所在，美联航173号班机的全体机组人员因此受到影响，结果忽略了其他关键问题。对陪审团来说，仅凭第一次投票的多数派立场，就可以预见陪审团的审议结果，而且确定程度约为90%。陪审团可能需要数个小时或数天才能做出裁决，但在90%左右的情况下，陪审团的最终立场都是在第一次投票时占据多数的立场。

多数派的胜利并不意味着他们必然是正确的，相反，它意味着多数派对我们的思想、感情及我们的判断和决定施加了巨大的压力。读完本章你就会发现，多数派的影响力的确十分强大，有时即使颠倒是非，也能让我们深信不疑。普通人在面对明显不正确的多数派意见时，仍会有1/3的可能性站在明显错误的一边。在模棱两可的情况下

（政治或商业问题常具有这个特点）做判断时，多数派的影响力甚至更大。我和我的同事发现，即使多数派的观点不正确，人们追随多数派并选择错误立场的可能性也高达70%。

多数派的影响力和吸引力始终伴随我们左右，无论我们是否注意到它，或者是否意识到它对我们的潜在影响。多数派让我们认同他们的观点，让我们不假思索地追随他们。如果没人质疑他们，这种现象就会尤其明显。我们可能认为，我们通常都在独立思考，只在理由充分时我们才有可能被说服。但本书将告诉大家，我们经常在理由并不充分或者没有任何理由的情况下，接受他人的观点，我们甚至会忽视自己相信和知道的东西。多数派拥有强大的说服力，原因很简单，那就是他们占据多数，是多数人。

如果我们认为多数派是对的，追随多数派的做法就是有道理的。多数派的确有可能是对的，而且这种可能性较大，但他们不总是对的。问题在于，我们仅因为他们是多数派就假设他们是对的。在某种程度上，《群体的智慧》等畅销书无意中强化了这种假设：真理存在于数字中。

《群体的智慧》恰当地指出了“多数派”判断的价值，并认为这些判断在许多情况下都优于“专家”的判断。这个观点是正确的，但读者可能会忽略一点，即多数人的观点只在某些情况下更有优势。例如，如果判断涉及常识问题，那么我们更有可能根据人数的多少来确定判断的准确性。判断罐子里装了多少个球，需要用到常识。知道超铀元素都是谁发现的，这与常识的关系不大，化学专家知道格伦·西博格（Glenn Seaborg）这个名字的可能性超过十几个外行人的总和。

判断的独立性是另一个关键因素。如果在做判断时没有相互影响，多数人做出的总体判断可能就是正确的。如果有相互影响，在判断的准确性方面10个人可能就相当于一个人。例如，羊群行为和股市泡沫表明，许多人的行为相同，并不一定表明他们的判断是准确的。行为相同可能是相互仿效的结果，而不是独立判断的结果。

这不是说多数派都是错误的，从统计学上讲，他们可能是对的，这取决于任务和环境。这也不是说多数派的判断没有价值。问题在于，我们仅因为他们是“多数派”而不是“少数派”，就认定他们是对的。问题还在于，我们常会不假思索地做出这样的假设，然后认同或仿效他们。因此，尽管《群体的智慧》等书籍正确地指出了多数人观点的准确性高于个人（在某些情况下，甚至高于专家），但读者可能无法充分认识到这一结论的局限性及其发生的环境。更重要的是，这类书籍可能会强化多数派是正确的这个假设。

多数派经常是错误的。如果你知道小组里每个成员的判断都不是真的，你会怎么办？你也许认为自己可以给出正确答案，而不在乎他们说什么或做什么，尤其是在你能用自己的双眼洞悉真相的时候。然而，截至目前长达半个多世纪的研究清楚地表明，真相未必可以保护我们不受多数派的影响。

1951年，著名心理学家所罗门·阿希（Solomon Asch）对这一现象进行了堪称经典的研究。在阿希最初的研究中，每个人会同时看到两张幻灯片。一张幻灯片显示的是条标准线段，另一张幻灯片显示的是三条比较线段，其中一条与标准线段长度相等。人们会看到多组这样的幻灯片，他们的任务很简单，就是找出与标准线段长度相等的那条比较线段。任务没有任何难度，也不存在模棱两可的问题。一条比较线段与标准线段的长度正好相等，而另外两条线段明显较长或较短。显而易见，如果各人独自做判断，他们会很容易地找出正确答案。

在其中一种实验条件下，研究人员将7~9人分成一组，其中只有一个人是不知情的参与者，其他人则都是研究者雇用的实验助手。这些助手会众口一词地给出不正确答案，并形成多数派。实验关注的问题是，那名不知情的参与者是否会跟随他们，给出同样的错误答案。

假设你就是那名不知情的参与者，观看幻灯片后你认为正确答案明显是线段B。当你听到第一个人说正确答案是线段A时，你没有理睬他——也许他视力不好吧。接着，第二个人说“A”。这时，你开始有点儿紧张了。然后，第三个人说“A”。第四、第五及后面的人都说正确答案是A。现在，轮到你了。你会怎么做呢？阿希的实验结果表明，约有37%的人会认同多数派给出的错误判断。

这项研究始于半个世纪前，随后在包括斐济、荷兰、日本、加拿大在内的多个国家多次开展。研究结果表明，很多人都会追随错误的多数派，尽管他们的感官告诉他们多数派的判断是错误的。这种现象在不同的人身上和不同的文化当中都会发生。无论我们是专家还是新手，都会有这种表现。

追随多数派错误判断的从众程度，受到许多变量的影响。一般来说，当任务更困难或更加模棱两可时，从众程度也会更高。如果个人的自尊心不强或对所在群体有好感，其从众程度就会很高。甚至多数派的规模也会影响我们对他们的追随程度。大多数研究表明，随着多数派的规模从一个人增加到三四个人，从众程度会逐渐增强；但此后规模的增加对从众程度的影响就很小了。

同后来追随他的许多心理学家一样，所罗门·阿希感兴趣的不只是通过环境调控来增强或减弱实验效果，他还希望了解即使多数派是错误的也会产生从众现象的原因。对阿希的实验对象（以及在阿希的实验得到证实后进行的诸多类似实验的实验对象）的采访表明，人们追随多数派，主要有两个原因。第一个原因是，他们假定真理存在于数字中。正如一首老歌唱的那样，“5 000万法国人是不会错的”，我们称之为“5 000万法国人原则”。第二个原因是归属的需要，或者他们害怕因自己与众不同而受到嘲笑或惩罚。很多人的心理都可以用那句日本谚语来形容：冒头的钉子挨锤敲。事实也的确如此，由此引出了“不当出头鸟原则”。

在阿希的早期研究中，多数派观点与实际情况及实验参与者亲眼看到的情况都不相符。研究结束后，不知情的实验参与者接受了采访。一些人坚持认为多数派是正确的，他们真的认为（或者报告说他们认为）自己对这些线段的判断与多数人相同。另一些人尽管知道大多数人都错了，但他们还是选择追随多数派的观点。这些参与者（人数较少）称他们之所以这样做，是因为他们不想变得与众不同。而大多数参与者则不清楚他们为什么与多数派观点相同，他们声称这是他们的本能判断。

在阿希的研究中，大多数实验参与者都认为多数派肯定是对的，问题出在他们自身。毕竟，他们属于少数派。我们通常认为真理存在于数字中，这么多人怎么会同时犯这样一个简单的错误呢？正是因为这个假设，参与者不再相信自己的眼睛，而是认为自己一定是错过了某些信息或者做出了错误估计。阿希的研究表明，平均而言，与错误的多数派保持一致的人数比例约为37%；但在实验中至少有一次做出上述假设的参与者的比例则高得多，达到75%。也就是说，3/4的参与者在至少一次实验中选择追随多数派的错误观点，尽管这与他们的亲眼所见相悖。

也许更惊人的发现来自另外25%的人，这些人一次也没有追随多数派的错误意见。尽管他们每次的回答都是正确的，但他们也不是完全没有受到影响，他们甚至声称多数派可能是正确的。他们也不完全相信自己的眼睛，只不过他们觉得有义务根据自己的观察做出判断。毕竟，他们参与的是一项关于视知觉的研究（这是研究者的托词）。

在阿希之后，人们针对这一现象进行了大约100次调查研究，结果一次次地证明了多数派的影响力。当大多数人意见一致或都在做同样的事情时，他们的影响力尤其明显。同大多数人一样，这些实验参与者也希望获得归属感。更重要的是，他们害怕遭到拒绝、嘲笑或更糟糕的对待。实际上，他们追随多数派的主要原因就是这种恐惧感，而不是对其准确性的评估。在受到某种诱因驱动时，我们就更容易相信多数派是正确的。

金融业的历史充分表明，多数派具有影响他人判断和行为的能力。从最初的投资泡沫（18世纪初的南海泡沫事件）到最近20年的纳斯达克和房地产泡沫，都可以看出投资商的羊群行为——跟风投资。经济学家的实证研究表明，投资者往往照搬他人的决定，而不是自己尽心尽力地做调查。例如，20世纪90年代末，美国股市出现了巨大泡沫。1995—2000年，纳斯达克指数上涨了5倍。在此期间，股价飙升，但在不到一年的时间里，又几乎跌回之前的水平。显然，当泡沫膨胀时，人们会赚钱；而当泡沫破灭时，这些人中的大多数又都会赔钱。

经济学家罗伯特·希勒（Robert Shiller）指出，泡沫不一定能证明这些投资者在做投资选择时都不理性，即便他们做出的投资选择非常糟糕，因为他们在其他方面是理性的。约翰·梅纳德·凯恩斯将他们的行为描述为“声誉计算”。按照这种观点，投资者随大流而忽视自己判断的一个原因是，逆向投资行为的平均声誉风险大于平均财务风险。如果你特立独行，不管成功还是失败，你的声誉都会受到影响。这是一种必输的局面。如果你是对的，并因此成为一名成功的逆向投资者，这只能证明你鲁莽草率。如果你错了，你就是一名失败的逆向投资者，必然遭到人们的诟病。

担心自己成为少数派的这种心理在职场上也有所体现。例如，凯瑟琳·瑞安（Kathleen Ryan）和丹尼尔·奥斯特莱克（Daniel Oestreich）研究发现，约有70%的员工不会直言不讳地指出他们看到的问题。他们发现了两个原因：一是员工认为说不说不重要，因为公司根本不会理会他们的意见与建议；二是对多数派的恐惧，也就是说，那些保持沉默、对问题三缄其口的人让他们感到害怕。显然，他们担心贸然开口会招致不好的后果，比如，遭到同事或众人的嘲笑和排斥。因此，沉默成了多数派影响力的一个部分。

我们在消费者行为中也可以看到类似的随大流行为。在选择餐厅时，为什么非要去那些已经客满的而不去那些还有一半空座位的餐厅吃饭呢？只有30%的消费者会在点评网站Yelp或亚马逊的星级系统上发帖评分，即使我们怀疑评论者发表正面评价就可以享受折扣，但我们仍然会采纳这套系统的建议，为什么呢？我们为什么要买《纽约时报》畅销书排行榜上的书呢？在奥赛博物馆外面排队时，明明有一条队伍很短，但我宁愿排在一条长队伍的后面，为什么呢？因为大多数人都是这样做的，我们认为这是一个信号，表明某个产品或某个体验具有某种价值或符合某个标准。但回想一下，在排队或者购买某种商品时，我们有多少次因为相信大多数人是对的而盲目追随，但随后又对自己的这类行为感到后悔呢？我们中的一些人每年都会追逐时尚潮流，即使所买衣服的颜色令他们不满意，或者第二年就会被弃置一边，他们也乐此不疲，这是为什么呢？这种现象为商业模式和市场营销提供了一个有效方法。如果我们对行为与意见进行对照研究，就可以看出其中的一些微妙之处。尽管如此，这个方法仍然屡试不爽。

许多企业对“5 000万法国人原则”和“不当出头鸟原则”进行了充分利用。以客户点评网站Yelp为代表的公司为潜在客户追随多数派意见提供了好几个渠道，其中之一就是为企业评分。得到多数人好评的上榜企业有可能让顾客产生好感，相比之下，一家评级较低的企业则可能令顾客反感。即使企业得到的好评为数不多，只要这些评价是一致的，也有可能让顾客产生好感。亚马逊的“购买此商品的顾客也同时购买”功能同样为顾客随大流的行为提供了便利。

《纽约时报》的畅销书排行榜堪称荐书典范，研究表明，入选该排行榜的图书都会销量大增。它的影响力就来自“5 000万法国人原则”。多数人在购书选择方面很可能是对的，而且就算他们选错了，也会有一种归属感的诉求，即参与“当前正在发生的事情”。

从畅销书单中收集的信息也很重要，因为它可以显示人们正在做什么，而不只是他们在说什么或发表什么意见。事实上，行为往往比言语更具影响力。住过酒店的人大多见过一些建议他们住宿期间重复使用毛巾以“帮助保护环境”的小卡片。这些小卡片虽然在一定程度上取得了成功，但如果在上面添加一些关于他人行为的信息，成功率将会大幅提高。一项研究表明，在小卡片上添加“在受邀参加我们的资源节约新计划的顾客中，有近75%的人未在毛巾仅使用一次之后就要求更换”这句话后，重复使用毛巾的顾客数量增加至4倍。

这些例子表明，与那些劝说性的信息相比，多数派的行为有更强的说服力，可促使人们购买某些商品，同意某些观点，甚至行事风格与平常迥然不同。1971年，一则旨在减少污染的公共服务广告证明了行为的影响力强于信息。广告的主角是一位名叫艾恩·艾斯·科迪（Iron Eyes Cody）的美国本土演员，因为看到垃圾遍地而潸然泪下。接着，广告上出现了一行字：“污染因人而起，也可以因人而终。”《广告时代》（*Ad Age*）杂志认为这是一条效果非常好的广告，并将其评选为20世纪最成功的100个广告战役之一。

考虑到这则广告的深刻内涵和受认可程度，我们通常认为它可以有效地激励人们停止污染。该广告传递了一条明显的规定信息：你应该停止污染。它也传递了一条描述性信息：事实上，许多人正在制造污染。尽管许多观众（可能也包括广告的制作者）觉得这条描述性信息令人不安，但它还传递了另外一条信息：很多人（即广告中的多数派）正在制造污染。到底哪条信息引起了广告观众的回应呢？他们会减少污染，还是像其他人那样制造污染呢？鲍勃·西奥迪尼（Bob Cialdini）和他的同事认为，这条广告的效果可能不如预期的那么好。

西奥迪尼和他的研究团队在美国亚利桑那州的化石森林国家公园开展了一项对照研究。该公园的盗窃问题严重，每月都有一吨以上的木材化石被盗。得到公园的许可后，研究人员在园中小路旁放置了一些木材化石。此外，他们还安放了一些规定性或描述性的指示牌。规定性信息要求人们不要窃取公园里的木材化石；描述性信息则告诉他们，之前有许多游客窃取公园的木材化石，导致自然状态发生改变。尽管这两类信息都可以理解为“不要偷盗木材化石”，但它们的效果却不尽相同。在为期5周的研究中，放置在写有描述性信息的指示牌附近的木材化石被盗的可能性，是放置在写有规定性信息的指示牌附近的木材化石的5倍。就规定性信息而言，不管它的意图是什么，它都会告诉人们多数派在做什么。

通过所有这些例子和调查研究，我们可以看出多数派意见和行动的说服力及力量。无论多数派正确与否，我们都会追随他们，因为我们假设他们是正确的。而我们之所以假设他们是正确的，则是因为我们想成为他们中的一员。我们害怕犯错，但我们更害怕异议带来的后果。如果我们在进行理性计算时考虑到这些理由，或者在决定追随多数派意见时权衡了这些理由，我们就无须为之担心。但事实上，我们不能不担心，因为我们往往不加思索就认同多数派意见或效仿多数派行动。我们很容易做出一些草率的假设，并盲目地从众。

多数派持有某个立场的事实，是一条有价值的信息。他们可能是对的，尤其是在每个持有该立场的人都做出了独立判断，而不只是随大流的情况下。他们也可能是错的。关于多数派何时可能是正确的，讨论这个问题的文章和书籍很多。但是，关键问题不在于我们是否应该追随多数派，而在于我们的决定是不是深思熟虑之后做出的，即是不是在评估信息价值的基础上做出的。就像那些泡沫投资者和《偷拍镜头》节目中那位不知情的电梯乘客一样，我们常常盲目跟风。在观察线段长度时，我们跟多数人一样，“看到”的是一个错误的结果。

考虑到我们是社会性动物，这听起来似乎是有问题的。我们可以找到一些相对容易的补救办法，至少在某些情况下这些方法可以减少我们因与众不同而产生的恐惧，或者缓解我们因反对多数派而可能遭到报复的忧虑。克服恐惧心理的一个具体方法就是匿名。例如，通过电脑网络交互而不是面对面交流，通常可以降低对多数派立场的从众程度。另一种抵制多数派影响力的方法是在听取他人的意见之前，先明确自己的立场。

遗憾的是，生活不会给我们太多的匿名机会——我们通常需要在会议现场做出某个决定，与会者都认识我们。而且，所有的投票活动几乎都不是在私密的投票亭里进行的。不过，我们还有一个办法，就是鼓励异议。我们将在下一章看到，多数派的力量取决于它的一致性。只要有人提出异议，哪怕只有一个人，就可以解放我们，让我们独立思考。

第 2 章

即使只有一个人持不同意见，结果也会大不相同

多数派的影响力足以让我们在不知不觉中接受他们的意见和立场，因此我们可能很难发现多数派也有其弱点——他们对共识有依赖性，尤其在面临挑战和质疑时。因此，异议可以帮助我们摆脱多数派的影响，让我们独立思考，并“知道我们知道什么”。所有人意见一致，可能是影响多数派影响力的最重要变数。只要有一个人提出不同意见，就会破坏它的影响力，还可以帮助我们更好地独立思考并抵制错误判断。

就算异议是错误的，也有助于增强思考的独立性

前文说过，人们想当然地认为多数派的观点和行为都是正确和恰当的。此外，他们还担心不加入多数派可能带来的不良影响。因此，

即使多数派错了，他们也会盲目或者不假思索地跟随或认同多数派的观点。

我们可以通过若干方式消除多数派的影响，使人们更加深思熟虑，并帮助他们更好地评估多数派观点的价值。第1章说过，匿名是一个办法。在一些研究中，人们利用隔板将实验参与者分开，从而实现了匿名性。此外，另一种办法是通过匿名或书面形式投票或发表意见。这可以有效缓解担心自己成为少数派或受到不良影响的恐惧心理。

匿名投票或书面投票还有另一个好处，即让我们在了解别人的观点之前先了解自己的想法。假设投票开始后前三个人的投票结果相同。在这种情况下，后面的人几乎肯定也会投出相同的票。但是，如果每个人在看到或听到他人的投票结果之前先填好自己那一票，结果又会怎么样呢？在这种情况下，群体中每名成员跟风多数派的可能性就会降低。在明确了自己的想法之后，如果打算改变主意，我们至少会想一想为什么要这样做。这样一来，我们就会停下来，在决定怎么说或怎么做之前，肯定会先认真考虑一番。但是，如果我们一开始就听到了别人的意见，实际情况就会大不相同。

莫顿·多伊奇（Morton Deutsch）和哈罗德·杰拉德（Harold Gerard）早期进行的一项有趣研究，揭示了先明确自己的立场这种做法的效果。实验要求小组中的每个人面对面地做出口头判断，而各小组中大多数人的判断都是不正确的。这和所罗门·阿希在线段长度实验中使用的方法是一样的。但是，在多伊奇和杰拉德的研究中，每位实验参与者在听到其他人的判断之前先写下了自己的判断。为了实现这个目的，实验者设置了三个条件，每次实验分别采用其中一个：（1）参与者写下的判断绝对私密，其他任何人都无法看到；（2）参与者写下判断后签上自己的姓名，并且知道研究者可以看到；（3）参与者悄悄写下自己的判断（其他任何人都看不到），但他需要将这些内容写在"魔板"（一种可以重复使用的写字板，下面垫着一块纸板，上面铺着一张不透明的塑料纸。掀起塑料纸，就可以擦掉所写的内容）上。

你可能会认为，无论你以什么方式明确自己的想法或观点，都会降低你盲从多数派错误意见的可能性。你心中暗想，我知道我的答案是B。因此，当其他人都认为A是正确答案时，你就需要面对一个事实：你的初始判断与众不同。在这种情况下，盲目跟风就没有那么容易了。这与研究中发生的情况非常接近，但不完全相同。

想一想，你会做出什么样的预测？以哪种形式明确想法有助于增强我们的独立性，是公开形式（条件2）、私密形式（条件1），还是"魔板"形式（条件3）？大多数人预测，其他人都可以看到的公开形式，可最大限度地降低从众程度。但是，多伊奇和杰拉德得出的研究结果并非如此。与私密形式（只有参与者本人知道他的初始立场）相比，公开形式的效果也不好。

最令人惊讶的可能是他们在"魔板"条件下取得的结果。你可能认为，把判断写在纸上与把它写在可擦除的写字板上，两者之间没有任何不同。即使你将写字板上的字都擦掉，你也是在听到别人的意见之前就已经清楚自己的想法了。但是，这两种情况确实有所不同。当参与者能够擦除他们刚开始时写下的判断时，他们对错误意见的跟风程度明显高得多。在“魔板”条件下，参与者似乎特别容易“忘记”他们最初是持不同立场的。如果有强烈的诱因驱使我们认同多数派的观点，我们的判断就会表现出这种易变性。

因此，我们从中得到的一个深刻教训是：在听取他人的意见之前，我们应该把自己的想法明确地记录在纸上，而不是写在可擦除写字板上。这不只是如何选择投票工具的问题，更是为了让你记住，一旦我们面对多数派的意见，我们会多么轻易地“忘记”自己最初是怎么想的。我们可以轻易地擦掉记录在可擦除写字板上的立场，也可以轻易地把自己的想法从脑海中抹除。这个实验告诉我们，为什么我们会不假思索地盲目跟风。把最初的想法摆在自己眼前——至少停下来问问自己为什么要改变主意——可以有效地减少这种盲目跟风的行为。

摆脱多数派的影响从而进行独立思考，还有一个更好的办法，那就是想办法打破多数派影响力的源泉——共识。阿希的线段长度实验表明，打破共识是独立思考的必由之路；如果有盟友，个人盲从多数派错误观点的可能性就会大幅降低。这是有一定道理的。盟友不仅会给我们信心和勇气，还会同意和支持我们。如果有人和我们站在同一立场上，我们就更敢于表达自己的意见。更重要的是，我们能更好地了解我们知道什么。

更令人惊讶的是，盟友之所以能帮助我们摆脱多数派的影响，并不是因为他们的支持，而是因为他们挑战了共识。如果提出异议的人不是你的盟友，会怎么样？如果他也错了，甚至比多数派错得更严重，会怎么样？你可能会认为他无法提供任何帮助。但证据表明，即使在这种情况下，我们也可以由此摆脱多数派的影响，从而更好地进行独立思考。只要打破多数派的一致性，就可以大大削弱他们的影响力。

以线段长度实验为例。假设我根据自己的观察认为线段A是正确答案——事实上，线段A就是正确答案，它的长度显然等于标准线段的长度。独立做判断时，我肯定不会犯错。现在，假设我所在小组里的其他人都认为线段B是正确答案。所有证据都表明，我可能也会认同线段B是正确答案——至少有1/3的可能性。但是，假设小组中有一个人认为线段C是正确答案。和大多数人一样，她的答案也不正确。而且，她的答案与我的不一致，因此她不是我的盟友。但是，她的答案与多数人也不一致。因此，群体共识受到挑战。在这种情况下，我更有可能看出正确答案，知道正确答案并把它说出来。我会说："线段A是正确的。"即使持异议的人也是错的，即使她不是我的盟友，她也起到了重要作用，因为她打破了多数派的影响力。在那项研究中，盲从多数派错误意见的人的比例从37%下降至9%。即使异议是错误的，也有助于增强我们的独立性。

做唯一的特立独行者是需要勇气的

要打破共识，提升思考的独立性，可能就需要有人站出来，去做那个"唯一"的特立独行者。但是，我们知道人们都害怕成为那个"唯一"，担心因此受到嘲笑或惩罚。真会这样吗？难道人们不会为他们的独立性和勇气鼓掌吗？

强有力的现实告诉我们，当面对异议时，人们都会感到非常不安。即使不像挑战政府和强大的利益集团［例如，爱德华·斯诺登挑战美国国家安全局，杰弗里·维甘德（Jeffrey Wigand）挑战烟草行业］那样富有戏剧性，即使挑战的只是一些琐碎的问题，只要少数派发出不同的声音，人们也会愤怒。如果少数派坚持己见，这种愤怒的情绪还会加剧。我们与持异议者争论，质疑他们的才智、动机，有时甚至质疑他们的精神状态。我们经常以惩罚或嘲笑来回应异议。就算对抗的不是权力，也会激起怒火。只要你反对“多数人”，即便反对的仅仅是一些假设性或无足轻重的问题，也会引起这些可预测的反应。

上一章说过，人们很容易认同多数派的意见，原因之一是他们害怕如果不同意就会遭到嘲笑和拒绝。扪心自问，这种害怕遭到拒绝的心理是否有必要？如果你勇敢地坚持自己的想法，是否会受到人们的称赞？这项研究给出的答案并不振奋人心。

在一个如今堪称经典的实验中，斯坦·沙赫特（Stan Schachter）研究了人们对持异议者的反应。他让若干小组认真考虑一个假设性的青少年犯罪案例，并要求他们就如何妥善处理这个青少年达成一致意见。研究者会给各小组的选择打分，总分为7分，其中1分对应的是“以爱为本”的方法，7分对应的则是“处罚至上”的方法。研究者还在每个小组安插了一个实验助手作为持异议者，但所有的实验参与者都不知情。

在这项研究中，对那名失足青少年的描述令人同情。约翰尼·罗科家境贫寒，他的母亲是一个勤奋、有爱心但已不堪重负的单亲妈妈。罗科在学校里经常惹麻烦，偶尔还会招惹警察。除了他的假释官，几乎没人支持他或成为他的榜样。通过这个案例的初步实验，研究人员发现，几乎所有人在这个评分体系中都倾向于以爱为本的方法，对应的分数通常为2分和3分。而小组中的唯一一个持异议者则主张严罚，并选择了分值为7分的方法。其他人有什么反应呢？

该实验的两组重要结果经受住了时间的考验，并反复出现在其他实验中。第一组结果与沟通有关。在完成任务的过程中，持异议者在大多数时间内都是其他参与者交流沟通的对象；在他坚持己见时，这种沟通还会增加。最终，他受到了孤立。但刚开始的时候，每个人都会跟他交流。更确切地说，所有人都在责问他。

这种反应不只是一种实验现象，而是出现在所有群体中，无论是社会群体还是企业群体，无论涉及的问题是什么。这种反应一贯有之，因此几十年来我们一直在课堂上用它做演示。一旦你持有的立场与多数派不同，质疑就来了。人们一个个地转过身来，喋喋不休地问你为什么采取这样的立场。他们的言下之意是你错了，仅仅是因为你是少数派。就这样，你成了攻击对象。但是，请记住，这种反应也有其积极面。在遭到质询期间，你也拥有发言权，至少在被孤立之前。这就给了你为自己的立场辩解的机会，因为你是人们关注和沟通的焦点。

第二组结果涉及对持异议者的排斥。持异议者不受欢迎，事实上，他是小组中受欢迎程度最低的成员。为什么呢？因为他是少数派，他挑战了多数派的意见。后来，小组成员为彼此分配了不同的角色。持异议者被分配到“通信委员会”，负责执行不重要的任务。他不是权力更大的“执行委员会”的有力竞争者。猜猜看，谁会是被淘汰出局的第一人选呢？这项研究传递的信息是，如果你持有异议，即使涉及的是一个假设性或者无关紧要的问题，你也会为之付出代价。如果你持有的是少数派意见，即使不是关乎国家安全的问题，你也会因此受到惩罚。

可悲的是，几乎所有人都会惩罚持异议者。我们不喜欢那些与我们观点不同的人，当我们属于多数派时，我们很有可能对那些反对我们观点的人实施惩罚。每当我在大学课堂上演示沙赫特的研究时，教室里就会乱作一团，平时彬彬有礼、宽容大度的学生毫无顾忌地嘲笑那些主张对青少年罪犯采取“强硬手段”的持异议者。在他们看来，持异议者显然是错的。虽然不能确定他是否心理异常，但他肯定是冷血无情之人。即使我更换了问题，持异议者的立场也由强硬改为温和，学生也会产生同样的反应。持异议者几乎不会受到欢迎。多数派会试图说服持异议者改变立场，而一旦劝说失败，他们就会排斥他。可以肯定的是，异议有可能引起一系列的反应——有时是困惑，偶尔是尊敬或嫉妒，但在大多数情况下都是愤怒和嘲笑。

因此，敢于提出异议是需要勇气的。但有趣的是，这种勇气一旦萌生，就具有传染性。事实上，异议可以增加其他人在其他场合下勇敢面对共识的可能性。这是另一种形式的解放。异议可以增加我们勇敢发表意见的可能性。

我们在一项研究中评估了这种可能性。结果证明，异议确实具有传染性。或者更准确地说，我们发现一旦亲眼看到有人提出异议，人们就有勇气表达自己的不同看法。即使持异议者的立场与他们不一致，其勇气也会成为他们的榜样。在看到有人提出不同意见时，他们似乎会想起，行动应该是信念的反映。

在研究条件下，我们将参与者每4人分成一组，其中包含一名持异议者，他们需要对一组蓝色幻灯片的颜色和亮度做出判断。根据我们的安排，那名持异议者看到每张幻灯片都会坚持说它是绿色的。事实上，那些幻灯片不仅是蓝色的，而且所有参与者都可以看出它们是蓝色的。不出所料，他们认为那名持异议者是错的，也没有听从她的意见。在控制条件下，参与者独自做出判断，也就是说，他们事先听不到小组中其他人的判断。

完成蓝色幻灯片任务后，每个实验参与者被分别带到一个独立房间中，其他人则被带入相邻房间。这样一来，他们就形成了一个新群体。现在，研究人员让他们观看一组红色幻灯片，并再次要求他们判断每张幻灯片的颜色和亮度。所有幻灯片都是红色的。独自一人时，参与者都能看出幻灯片是红色的，并按照要求对着麦克风说出"红色"。在这种情况下，他们无一人犯错。但是，在实验条件下，小组中的其他三个人都说幻灯片皆为橙色。这是一个典型的从众环境。这是怎么回事呢？如果参与者没有面对异议的先验经验（也就是说，如果他们没有在之前的实验条件下听到一名持异议者把蓝色幻灯片说成是绿色的），那么他们很可能会盲从多数派的错误意见。事实上，研究结果显示，70%的人给出的回答是"橙色"而非"红色"。

但是，如果参与者有过持异议者坚持己见的先验经验，结果就会大不相同。记住，那名持异议者曾多次将蓝色幻灯片说成是绿色的。她是错的，也不受其他参与者欢迎。此外，她并没有说服其他参与者做出幻灯片是绿色的判断。但是，目睹她敢于提出异议的行为之后，参与者在第二个实验环境中表现出独立性，并愿意提出不同意见。因此，在多数人一致把红色幻灯片说成是橙色的情况下，这些参与者坚持了（正确的）判断，并说出这些幻灯片是红色的。在实验条件下，70%的参与者盲从了多数派的错误判断，声称那些幻灯片是橙色的。与之相比，在控制条件下，这个数字降至14%。我们可能会认为提出异议是爱出风头或者愚蠢的行为，我们也可能会质疑他们的准确性，甚至怀疑他们精神不正常，但他们常能让我们畅所欲言。

下一章，我们将进一步研究异议的力量，看它除了打破共识、解放思想、让我们“知道自己知道什么”和敢于开口之外，还有哪些作用。持异议者可能会取得胜利，也就是说他可以说服多数派的成员采纳他的意见。我们将看到，与多数派相比，持异议者说服我们的过程大不相同。对持异议者来说，说服他人是一场艰苦的战斗，能否成功更多地取决于信念，而不是受欢迎程度。

第 3 章

提出异议是一门艺术，足以改变人的观点和决策

上一章告诉我们，持有不同意见必然会招致风险。如果你是持异议者，你就会成为人们关注的焦点，你还会拥有发言权，至少暂时如此。人们会质疑你并向你施压，迫使你改变主意。这一切都会提醒你是少数派，暗示你是错的。你可能不受欢迎，甚至受到排挤。

在这种情况下，很多人会认为持有不同意见是不值得的。我们会问自己：为什么要这样做？为什么不保持沉默呢？如果我们持少数派观点，说出来是不是徒劳无功之举？即使我们认识到自己可以帮助他人更独立地思考，但我们真能取得胜利或说服他人吗？如果我们是“少数派”而不是“多数派”中的一员，我们真能让他们认同我们的观点吗？如果可以，如何才能做到呢？

在社会心理学领域中关于影响力课题的早期研究认为，能说服

他人的是多数派而不是少数派。因此，在他们的研究中，持异议者只被视为影响力的作用对象，而不是影响力的来源。大多数研究人员发现，成为大部分沟通活动的实施对象，是持异议者面临的风险之一。他会受到重重压力，并遭到排斥。但是，这些研究人员从未考虑过，持异议者是否改变了多数派的想法。

持异议者常会成为人们关注的焦点，受到嘲笑或惩罚，这样的例子不胜枚举。但是，他们也有成功说服我们支持他们立场的先例。历史上不乏著名的持异议者，比如伽利略和西格蒙德·弗洛伊德，前者敢于辩称地球不是宇宙的中心，后者的关于“潜意识”动机的观点被视为耸人听闻。在他们生活的时代，持异议者都会受到斥责和惩罚。

例如，伽利略在1633年被罗马宗教裁判所判处有罪，并被软禁起来。历史上还有一些持异议者被判处死刑，比如马丁·路德·金（Martin Luther King）。然而，没有人询问他们是否说服了人们。他们的想法得到了普遍认可，但这需要花费大量的时间。伽利略的著作《对话》（*Dialogue*）被禁，直到200年后才被解禁，又过了100年，伽利略才被正式宣告无罪。

在维多利亚时代，女性因坚守贞操而受到尊敬，性是禁忌话题，而弗洛伊德却谈论“潜意识”动机，以及孩子对父母的性欲望。他因此受人嘲笑，被禁止在大学演讲，甚至被视为一个性“变态者”。一些人将弗洛伊德的理论归因于可卡因成瘾。19世纪90年代，他就是一个对固有信念发起挑战的少数派声音。然而，100多年过去了，我们仍能看到他的影响力。潜意识、压抑和“弗洛伊德式错误”等概念被人们接受，甚至成为流行用语。

在近代历史上，持异议者取得“胜利”的例子并不常见。想想1999年在电影《知情者》（*The Insider*）中揭发烟草业内幕的杰弗里·维甘德，这部电影生动地描述了那些义无反顾地说出真相和公然反抗既得利益者的人，在经济和情感等方面付出的代价，包括骚扰、跟踪和威胁。近年来的知名持异议者之一是至今仍备受争议的爱德华·斯诺登，他的例子展示了持有不同意见可能面临的风险，也为我们提供了关于持异议者何时及为何能说服人们支持其立场的线索。

2013年6月6日，《卫报》记者格伦·格林沃尔德（Glenn Greenwald）爆料称，美国国家安全局一直在秘密收集威瑞森电信公司的数百万客户的电话数据。格林沃尔德是从哪里获得这一情报的呢？一天后，爆料行为继续升级。格林沃尔德及其同事伊文·麦克阿斯基尔（Ewen MacAskill）在报道中称，7年来美国国家安全局一直在通过一个叫作“棱镜计划”的数据挖掘项目，从谷歌、苹果和脸书等公司收集用户的搜索历史、电子邮件等数据。棱镜计划是美国国内的秘密监控项目吗？它收集的是哪些数据，为什么要收集这些数据呢？

美国公众反应强烈，但他们的意见存在分歧。一些人因为大政府的监控和个人隐私受到侵犯而忧心忡忡，另一些人则担心情报泄露可能危及国家安全。所有人都希望在安全和隐私之间取得“平衡”。但是，为了追究责任，搜寻泄密者的工作启动了。据猜测，泄密者可能是某情报机构的高级官员。

他们很快就确定了他的身份。2013年6月9日，泄密者自己露面了。在他的要求下，《卫报》披露他名叫爱德华·斯诺登，29岁，曾是美国中央情报局的计算机分析师，现为博思艾伦咨询公司员工，但在该公司工作的时间不长。博思艾伦公司与美国政府签订了每年10亿美元的合同，它很快就撇清了与这件事的关系，声称泄密事件（如果属实）严重违反了其核心价值观。

评论员和政界人士也纷纷撇清他们与斯诺登的关系，但美国参议员兰德·保罗（Rand Paul）是一个例外，他只是简单地说了一句“斯诺登先生以隐私的名义说出了真相”。斯诺登“无意躲藏”，因为他知道自己“没有做错任何事”。不过，他最终还是出逃了，因为他意识到自己将为此付出代价。他陈述了揭露“棱镜计划”的理由：

“美国国家安全局通过它建立的一项基础设施，可以拦截几乎所有数据。我可以查看你的电子邮件、密码、通话记录、信用卡。”他还补充道，“我不希望自己生活的社会里有这类事情发生……我不希望生活在一个我的一言一行都被记录在案的世界里。我不愿支持和承受这样的事情。”

人们对斯诺登的看法并未流于表面，而是深入思考了他的动机。他到底是英雄还是叛徒？英雄论阵营的人认为他是一个勇于维护正义的人，他提供了“价值不可估量的服务”，是一个“准备以普通公民身份甘为国家冒生命危险的人”。评论员认真考虑了他的动机、成长经历，甚至是个性。人们对他的描述五花八门，比如“傲慢”“任性”“从童年时期开始就存在人格障碍”。《纽约邮报》的一名记者说他“自负到无以复加的程度……简直就是长胡子的金·卡戴珊”。一些人则暗示他可能是一名间谍。

随后发生的事都可以写成一部间谍小说了。2013年6月23日，美国要求拘留并引渡爱德华·斯诺登，由于护照被吊销，他只能滞留在莫斯科谢列梅捷沃机场的过境区。此时，斯诺登没有旅行证件，还被指控犯有间谍罪。可能是迫于美国的压力，一个个国家要么直接拒绝他的庇护请求，要么找借口推辞他的申请，要么根本不回应。最终，俄罗斯总统普京批准了斯诺登在俄罗斯的临时避难，此举激怒了白宫和美国国会的一些议员。

不管你认为爱德华·斯诺登是勇敢还是愚蠢，是叛徒还是英雄，最重要的是，面对权力他敢于开口，也甘于付出代价。

一场漫长而艰难的战斗

斯诺登说服人们认同他的立场了吗？历史上的其他持异议者“成功”了吗？如果答案是肯定的，这又是为什么呢？历史表明，许多人取得成功，是因为他们得到了认同。现在，我们知道地球不是太阳系的中心；我们理所当然地认为潜意识是存在的，我们也都会犯“弗洛伊德式错误”。甚至斯诺登也让一些人相信他的行为是正当的，他们认同他关于隐私重要性的观点，即使是在与国家安全相冲突的情况下，他们仍然认为美国国家安全局的监控计划应该改革。

人们的态度发生了彻底的改变。两个阵营的人都认同斯诺登的影响力是巨大的，而且是他在少数人的保护之下凭一己之力实现的。他不仅引发了全球性反应，而且其强烈程度超出了第一个报道此事的记者格林沃尔德的“最疯狂预期”。

政策的实质性变化则需要花费更长的时间，但在2015年4月，也就是《美国爱国者法案》即将失效时，政策发生了变化。美国联邦上诉法院裁定，大规模监控计划没有得到该法案的授权。美国国会收回了相关权力，美国国家安全局被禁止收集和存储电话记录，尽管该机构仍然可以通过授权访问从电话公司获得数据。一年后，我们看到苹果电脑公司拒绝了美国联邦调查局的要求，拒绝解锁2015年加州圣贝纳迪诺市枪击案中袭击者使用的苹果手机，该袭击造成14人死亡。苹果公司给出的理由是，美国联邦调查局希望苹果公司破解自己的加密技术，但这种做法可能会危及所有客户的私人信息安全。他们担心，一旦同意解锁，这些信息就会很容易招致黑客的攻击，以及“未经授权的政府监控”。

无论过去还是最近，个体怎样才能说服他人，或让他人认同他的立场呢？研究表明，一个必要条件（或许不是充分条件）是，持异议者必须坚持自己的立场。他不能屈服，也不能前后矛盾。如果妥协意味着立场的改变，他就不能妥协。但人们普遍认为，我们的言辞必须字斟句酌以免冒犯他人，我们应该学会妥协而不是固执己见，善于听取他人意见和建议的人才更具亲和力。这两种观点显然相互矛盾。很多咨询专家（即使不是大多数）都会强调亲和力的重要性，但持异议者不能依靠亲和力去说服人们改变主意并接受他的立场。

历史上，很多持异议者都听过让他们做出退让或妥协的建议，但他们大多不予理会。斯诺登也拒绝了直接与国会议员讨价还价或做出妥协的劝告。他始终坚持自己的观点，为自己泄露机密信息的行为辩护。在他以及历史上其他持异议者取得胜利的过程中，这种坚持不懈的态度到底起到什么作用呢，是促进还是阻碍？如果他们采纳了他人的建议，做出妥协并使自己的观点变得更加温和，会不会取得更好的效果呢？

1969年，人类完成了关于持异议者如何说服他人接受其立场的第一个实验研究，专门解决了坚守立场的问题，并对妥协做法的缺点有所了解。该研究的第一发起人塞奇·莫斯科维奇（Serge Moscovici）是一个罗马尼亚籍犹太人，第二次世界大战之后来到巴黎。当时的莫斯科维奇经济拮据，对政治尤其感兴趣。个人的生活经历让他认识到权力和共识的影响力及危险性，但也让他从一些实例中看到了圈外人的力量，特别是那些有坚定的立场和信念的人。

在这次研究中，少数派的立场不仅对多数派观点提出了挑战，其本身还是错的。这与阿希等人的从众研究正好相反，其研究对象面对的是多数派的错误观点。在这次研究中，每个小组有6个人。根据要求，他们需要快速观察一组幻灯片并做出两个判断。第一，说出他们看到的颜色；第二，用0~5的分值对亮度进行评级。例如，他们可能会说“蓝色，2级”，这表示他们看到的颜色是蓝色，且亮度偏暗。事实上，一共有36张幻灯片，而且都是蓝色的。它们的波长相同，但由于使用了中性滤光片，所以看上去亮度不同。这项任务很容易。各自观察时，每个人都能快速且自信地回答：每张幻灯片都是蓝色的。但在异议出现，即小组中少数人提出不同意见时，实验条件发生了变化。少数人提出的不同意见是错误的，即认为幻灯片的颜色是“绿色”。

在第一种实验条件下，每个小组的6个人中有两人说每张幻灯片都是绿色的。这两个人是研究者安排的实验助手，但其他4人并不知情。大多数人都认为，这两个人不会产生任何影响。至少从实验结束后的问卷调查中可以看出，实验参与者也认为这两个人的判断或观察能力较差。但是，实验并未就此结束。

在第二种实验条件下，这两名实验助手将2/3的蓝色幻灯片说成是“绿色的”（24次），而把其余1/3的蓝色幻灯片说成是“蓝色的”（12次）。实验参与者是否仍质疑这两个人的判断或观察能力呢？是的，但在这两名实验助手反复认定蓝色幻灯片是“绿色的”时，他们的质疑程度并不像之前那么强烈。请问，如果二选一，那么到底在哪种条件下大多数人会认同这些幻灯片是绿色的呢？当你与多数派站在同一（正确的）立场上时，如果有两个人把一张蓝色幻灯片说成是“绿色的”，你会认同他们的观点吗？如果是，在哪种条件下你更有可能被说服，是这两个人一直犯错（也就是说，他们把所有蓝色幻灯片都说成是“绿色”的）的第一个实验条件，还是他们在2/3的时间里坚持错误立场，而在其余1/3的时间里与多数派一起站在正确立场上的第二个实验条件呢？

大多数人认为，这两种条件都不具有说服力。当猜测哪种条件更具说服力时，大多数人说是第二种，即两名实验助手说1/3的蓝色幻灯片是“蓝色的”而2/3的幻灯片是“绿色的”的实验条件。理由是，在这种条件下，他们至少有一定的可信度。在1/3的时间里，他们是正确的，而且与其他人的看法一致。这个预测虽然合乎逻辑，却与实验结果不一致。

实验结果表明，反复做出“绿色”判断的那个实验条件——少数派声称每张幻灯片都是“绿色的”那个条件——更具说服力。在该实验条件下，多数派中约有9%的人的答案也是“绿色”。当少数派的正确程度更高而坚持立场的程度降低时——当他们判断2/3的蓝色幻灯片是“绿色的”，其余1/3的幻灯片是“蓝色的”时——就没有影响力。在这种条件下，大多数人都会坚持“蓝色”的答案，而把蓝色幻灯片说成“绿色”的概率只有1.25%。这说明什么？重复而一致的错误的观点比时错时对的观点更具说服力。

这些结果令研究人员感到惊讶，但随后的研究不断再现这些结果。实验得出的重要结论是，坚守立场是最重要的事。不坚持的话，就没有明确的立场，至少没有让人深信不疑的立场。一项又一项的研究表明，如果不坚持立场，少数派的声音就没有说服力。但是，我们也将看到，虽然坚持必不可少，但往往还不够。

许多研究已经证明，即使坚持立场，少数派可能也没有说服力，至少在公开层面如此。少数派的意见常常失败。例如，对陪审团的研究表明，少数派在第一次投票中支持的立场成为最终裁定的比例不到5%。在我们模拟陪审团审议的实验研究中，通常不会出现任何公开偏向持异议者立场的态势，即使他们始终坚持自己的立场。不仅如此，多数派成员还会明确表现出对持异议者的愤怒。我们雇来扮演持异议者的实验助手不止一次向我索要“精神报酬”，作为他们遭受痛苦的补偿。在几乎每个实验组中，他都需要忍受参与者的怒火，有时还会受到威胁。我们不喜欢与自己意见相左的人，尤其是“少数派”，因此我们会假设他们是错的。

诸如此类的研究关注的都是对少数派立场的公开认同，但他们显然低估了持异议者对多数派的说服力。研究一次又一次地表明，持异议者在私下里比在公开层面更容易改变人们的想法，这与多数派的影响力不同。即使人们认为多数派的立场不正确，也往往会在公开层面认同这种立场。

我们一再发现，人们会拒绝在公开层面认同持异议者。但是，我们还发现私下里他们常会被说服。如果事后问他们，或者以一种能使他们免于承认他们认同持异议者的方式问他们，他们的态度就会发生实质性的变化，而且是朝着认同持异议者观点的方向转变。在一项涉及人身伤害案的研究中，持异议者主张减少软骨撕裂的伤害赔偿，其他人没有公开地表示支持这种立场。也就是说，他们在给出建议赔偿额时，没做任何调整，哪怕是一美元。但是，他们在私下里评判该案件及其他人身伤害案时，与那些未接触过持异议者的实验参与者相比，他们认为赔偿金额低一些确实更合适。在下一节介绍的实验中，我们将看到其结果呈现出同样的模式。

坚持到底和做出妥协的艺术

虽然坚持立场的重要性在研究中一直被低估，但现在这一概念已逐步完善，而不只是指简单的重复。持异议者表达其立场的言辞可能更加巧妙。事实上，即使他的立场发生了变化，人们也可能认为他在坚持自己的立场，而他的变化只是对新信息或变化的信息做出的一种回应。他不能让人们发现他已经屈服了，否则就会失去说服力。

从这个角度看，我们有必要重新审视殉道者的人生。即使他们在其他方面一无是处，但至少做到了始终如一。他们没有屈服，甚至愿意为了自己的信念献出生命。如果他们改变自己的信念，他们还会产生同样的影响力吗？如果一个多世纪之前，弗洛伊德做出了妥协，那么今天他的理论还会有如此巨大的影响力吗？事实上，的确有人建议他妥协，以便让他的想法更受欢迎，但他没有采纳。如果爱德华·斯诺登向美国政府妥协，他会不会更具说服力？这项研究表明，在改变他人想法方面，坚持到底比妥协更有效，但大量的研究都支持一个常见的建议：要让他人公开支持你的立场，就必须做出某些妥协。难道要做交易吗？如果前文中介绍的研究是正确的（许多研究表明的确如此），那么要说服他人，你必须坚持立场、拒绝妥协呢，还是说妥协和坚持都能说服他人，但作用的层面不同？

妥协的两个方面

你可能认为，为了自己的信念应该坚持到底、宁死不屈，但在很多时候，做出妥协也是有必要的。你知道，妥协是一种有效的办法。在此，我们需要区分改变他人态度和与他人达成交易这两个概念。如果你想达成交易，通常需要做出某种妥协，但如果你想改变他人的想法，妥协则是一个糟糕的策略。正如我们在蓝色–绿色幻灯片研究中看到的，妥协意味着没有坚持立场，这会导致持异议者失去影响力。在该实验中，尽管妥协可以提高正确的程度（至少在1/3的情况下是正确的），但也没有改变参与者的想法。妥协可以带给你的切实好处就是提升你的受欢迎程度，更确切地说，它可以让你变得不那么令人讨厌。但受欢迎与否不是持异议者是否具有说服力的决定性因素。

这让我们对某些人做出的“妥协”决定——他们公开认同没有任何人相信的东西——有了一定的了解。这是一种达成交易、做出裁决或实现效果最大化的方式，而不是改变他人想法从而获得认同的方式。举个例子，一个刑事案件可能有两个可行的裁决——“一级谋杀”或“无罪”，这取决于你是否相信目击者的证词。但是，为了达成共识，陪审团通常会做出“过失杀人”的折中裁决，尽管该裁决不符合事实，而且没人认为这是一个恰当的决定。该裁决反映的是公开层面上的立场变动，而不是私下里的态度变化。对持异议者来说，妥协是否有助于在公开层面上说服他人？还是像研究表明的那样，坚持到底才是说服力的关键因素，无论是在公开层面上还是在私下里？

为了更好地理解妥协在获得认同和改变他人想法过程中发挥的作用，我们做了一项研究，对这两个不同的方向进行了测试。谈判研究认为，巧妙的妥协是获得公开认同（对你有利的“交易”）的一种方式。另一个方向的研究（例如，前文介绍的研究）则表明，妥协在改变他人态度方面没有任何效果，因为它弱化了他人对持异议者坚持信念的认知。

我的实验室希望弄清楚这两个思路是否都正确。我们先假设妥协在公开层面上是有效的，那人们通常倾向于认同愿意做出妥协的人，而不是难对付的人。而且，我们预期妥协不会带来私下里的态度改变。相反，我们假设坚持立场（难对付）使持异议者在私下里具有说服力，但难以在公开层面上获得认同。此外，我们假设存在一个“甜蜜点”，在这种情况下持异议者既可以获得认同，又可以改变他人的想法。

我们考虑了妥协与坚持之间的对立性。在这项研究中，一个人在原告的赔偿问题上采取了少数派的立场，涉及的案件是原告因为一家公司的渎职行为造成的滑雪升降机事故而受伤，并提起赔偿诉讼。根据要求，小组需要做出一致的决定。在10轮审议中，小组成员逐人逐轮表明了自己的立场。

我们设置了三种实验条件，其中分别安排了一名我们雇用的实验助手。我们知道其他参与者将采取什么立场，而实验助手的立场将对他们构成挑战。通过预测试，我们了解到其他人赞同的赔偿金额为15万~20万美元，而持不同意见的实验助手将给出一个低得多的金额——5万美元。

在第一种实验条件下，持异议者没有妥协，而是选择坚持自己的立场。他在所有10轮审议中都表明了同样的立场。在第二种实验条件下，他很早就做出了妥协，在第二轮审议时转投到多数派阵营，并在之后坚持这一立场。在第三种实验条件下，他在审议后期——第9轮时做出了妥协，转投到多数派阵营。

实验助手做出的妥协无论早晚，都带来了双方的公开让步。持异议者做出妥协后，多数派成员也做出了改变。他们公开地相互趋同。而在实验助手未妥协时，多数派在公开层面上则没有表现出立场松动的迹象。于是，双方僵持不下。但是，私下里的态度转变却呈现出不同的模式。

一天后，这些人继续参与实验，并对6起不同的人身伤害案件做出了裁决。其中一个伤害案和他们讨论过的那个案件非常相似，而其他案件在受害者的人口统计数据和渎职的严重程度这两个方面存在很大的不同。从裁决结果看，他们的个人态度已经发生了变化，但与前一天在公开层面上发生的变化相比，呈现出的模式有所不同。

那些与坚持立场（没有表现出任何妥协的迹象）的持异议者接触过的人改变了他们的态度。大多数人都在向持异议者的立场靠近，并赞成大幅减少赔偿金额。别忘了，这些人在前一天还不愿公开让步。那些与很早就妥协（第二轮审议时做出妥协）的持异议者接触过的人，他们的态度没有变化。前一天他们的立场可能有过公开变化，但这一次他们没有改变自己的观点。他们对这6起案件的裁决结果与从未接触过持异议者的对照组相似。

在公开层面上与私下里都引发态度变化的是“后期妥协”的实验条件。当持异议者在最后时刻妥协时，他实现了两个目的。第一，他给人一种坚持立场的感觉；第二，他灵活机动，最终获得认同。他没有改变立场，只是做了让步。结果，他达成了这两个目标。这就是“甜蜜点”。他让其他参与者做出公开让步，也改变了他们私下里的态度。

持异议者的“隐性”影响力

研究一再表明，持异议者具有“隐性”影响力。总的来说，他们在私下里比在公开场合更有可能改变人们的态度。他们可以改变人们的想法，即使大多数人都没有意识到或不愿意承认这种影响力。

我们在模拟陪审团审议过程的研究中，多次发现这种模式。如果持异议者不妥协，就很难达成一致意见；而多数派不仅不会让步，还会被激怒。但是，从实验反复呈现出的模式看，他们的态度都发生了变化，有时甚至是在短短10分钟之后，又或者虽然在审议过程中他们的态度一直没有变化。参与者通常不会直接承认这种变化，但如果研究者改变问题的措辞，从他们的回答中就能看出他们的态度确实发生了变化。研究者可以用“如果……会怎么样？”这种假设性问题向他们提问，比如，“如果原告要求赔偿金加倍，该怎么办？”这就给多数派提供了一块“遮羞布”，让他们可以在免于承认被持异议者说服的情况下改变主意。

一旦意识到异议改变他人想法与心理的能力强于公开证据支持的程度，我们就会理解“敢于直言”或者挑战共识具有什么样的威力。我们有可能说服他们，即使他们不会公开承认。不仅在重要问题上，在一些琐碎问题上我们同样具有这种影响力。举一个我亲身经历的小事为例。35岁那年，我以全职教授的身份来到加州大学伯克利分校，满心以为这里应该有一种重视言论自由、独立性，甚至欢迎异议的文化氛围。我们的办公室都很简朴，以致达到了简陋的程度，因此我准备在我的办公室里铺一块地毯。这应该没什么问题。但令我惊讶的是，我的同事明确地提醒我，所有办公室都是一样的。而且，这是有原因的：平等似乎比自由更受重视。

我没有理会同事主动提供的这条意见。我是一名终身教授，这个身份对我的特立独行多少有些保护作用。不到一个星期，我就注意到有一位同事也在他的办公室里铺了一块地毯。之后，同事们接二连三地这样做了。时至今日，几乎所有的办公室里都铺上了地毯。有的办公室放上了咖啡机，有的办公室的墙壁被漆成鲜艳的颜色，有的还进行了艺术装饰。这些小变化提醒我们，我们常常忍气吞声地做出让步或者妥协，却没有充分认识到依据自己的想法率性而为会有什么好处。我们还必须认识到，让步或妥协不会得到人们的赞誉。我敢确定，没人知道加州大学伯克利分校心理学系办公室不能铺地毯的禁令源自何处。

即使在我们用蓝色幻灯片完成的第一个实验研究中，异议特有的隐性影响力也显而易见。该研究指向的都是最重要且反复出现、不停扩展的问题和发现，因此我经常提到它。它证明了异议如何改变我们的所见，包括我们对某个东西是蓝色还是绿色的判断。此外，它还证明了异议的隐性影响力，因为它表明私下里的态度变化甚至比公开层面上的还大。

回想一下在那项研究中，两名持异议者——一个坚持立场，另一个未坚持立场——把蓝色幻灯片说成是绿色的，其中坚持立场的持异议者成功说服9%的多数派成员公开判断那些蓝色幻灯片是绿色的。但是，实验并未就此结束。在对这些蓝色幻灯片做出判断之后，参与者又接到了另一项任务。

在完成一项公开的判断任务之后，每个参与者都拿到了一堆蓝绿色的色卡，就像你在油漆店看到的样品。所有色卡都是“蓝绿色”的，但它们的颜色从很蓝到很绿不等。研究者要求参与者将随机分配给他们的这些色卡分成两堆，蓝色的放一堆，绿色的放一堆。他们的任务很简单，就是判断出每个蓝绿色色卡到底是蓝色还是绿色的。研究结果表明，如果参与者与坚持立场的少数派（反复地将蓝色幻灯片说成绿色的人）有过接触，他们对色卡到底是蓝色还是绿色的判断就会发生变化。与没有接触过持异议者的人相比，他们将更多的色卡放到了绿色堆中。这些人尽管没有公开地把那些蓝色幻灯片说成是绿色的，但他们对什么是蓝色、什么是绿色的概念已经发生了变化。少数派坚持到底的判断，即使是错误的，也说服了远超9%的多数派成员，使他们在公开层面上做出了“绿色”的判断。

少数派如何成功地说服了多数派?

如果你独自一人或者是“少数派”的一员，那么仅依靠坚持和信念，是不足以说服别人的，尽管这两者都必不可少。少数派的影响力不可能即刻奏效。它需要时间、坚持不懈、始终如一，但又不能固执己见。多数派可以很快取胜，有时甚至是不战而胜。与之不同，持异议者则必须借助有说服力的方式才能取得成功，对语言和非语言行为进行精心设计也很重要。

这种设计的一些要素，在经典电影《十二怒汉》(*Twelve Angry Men*) 中得到了很好的演绎。关于这部电影的分析结果，与少数派如何说服别人（或者如何获得认同）的基本研究结果一致。我们将在第5章看到，这部电影还展示了持异议者影响力的另一种形式——引发人们对证据的思考，从而做出更好的决定。在这里，我们关注的是持异议者的说服力，它更类似于打胜仗，而不只是做出好决策的驱动力。

电影《十二怒汉》充分展示了影响力的艺术，包括时机的选择，对他人身上的微妙线索的观察，以及在说话者与倾听者之间做好角色转换等，其展示效果优于很多实验和各种变量。虽然这部电影在1957年上映时不太受欢迎，但它经受住了时间的考验，许多大学的心理学系和商学院常用它当教材，用来阐释说服的原则。

与今天的特效和动作影片相比，《十二怒汉》显得相当简单，它讲述的是12个人被关在陪审团仲裁室里审议一起案件的故事。这起案件与一名年轻人有关，他被指控刺死了他的父亲，罪名是一级谋杀。陪审团成员中有一名持异议者——由亨利·方达（Henry Fonda）饰演——他成功地说服了其他11人，最终做出了“无罪”裁决。整个故事听起来好像很乏味，但实际上，这部电影对少数派如何说服别人的刻画堪称精彩绝伦、入木三分。不仅如此，它对应该如何控制说服过程——例如，谁先发言，发言者捍卫其立场的言论是否恰当，何时进行新一轮投票，等等——也有很强的指导意义。这部电影告诉我们，如果你控制了过程，你就控制了结果。

这个案件似乎十分清楚，因为有两名目击者：一名亲眼看见了谋杀过程，另一名则看到被告逃离犯罪现场。12位陪审员都急于快速做出裁决。这是一年中最热的时候，陪审团成员都是男性，急着去看当晚的棒球比赛。案件没什么可讨论的，大多数陪审员都这样认为。第一次投票是举手表决。11个人举手表示被告“有罪”，但其中几个人是看到其他人举手后才勉强举起手的。然后，亨利·方达慢慢地举起了手，他饰演的角色是一名建筑师。他举手表示被告“无罪”，这不是因为他的立场，而是因为他“不确定”。他认为，一个年轻人的生命正在接受审判，至少应该经过讨论才能确定他是否有罪。不出所料，其他11名成员生气了。“总有一个（唱反调的）”，这句话就是“第一炮”，11位陪审员把矛头指向了这个拒不合作的家伙。他们问他：“你为什么支持被告‘无罪’呢？”我们再一次看到了早期研究对异议引起反应的描述是多么恰当，复现率是多么高。方达立即成为其他人沟通的对象，而且他很不受欢迎。

陪审团团长建议这11名陪审员应该“让这名年轻人相信他错了，而我们是对的”，这时候，一个重要的转折点出现了。傲慢情绪全面爆发，但这恰恰是掌权者或多数派常犯的愚蠢错误。陪审团团长的这个建议把多数派从他们通常占据的进攻位置移到了防守位置。每位陪审员并没有要求方达为他的立场做辩解（我们都知道，这种辩解很可能会招致嘲笑），而是各自解释起自己的立场来。他们逐一地为他们认为被告有罪的观点辩护，要么用“很明显”或诸如此类的断定之语，要么提醒说有目击者“看到”了这位年轻人的犯罪行为。对那11个人来说，这是一个一目了然的案件。

这11位陪审员在各自陈述理由的同时，也把自身置于受质疑的境地，他们认定被告有罪的根本理由因此暴露无遗。如果他们依据的是两名目击者之一的证词，方达就会不断地追问他们：“难道他们的证词不会有错吗？”随着审议的不断深入，这种可能性被证明非常重要。

当审议进行到某个时刻时，他们注意到一名目击者年事已高，走路也一瘸一拐的。他们估算了这名目击者从听到受害者倒在地上到他跑到门口看到被告走下楼梯一共需要多长时间，并对此达成一致。他们还要来了一份公寓大楼的布局图，重新听取证词后，他们发现目击者不可能在这么短的时间内从卧室走到门口。就这样，一份关键证据出现了疑问，而他们的立场恰恰是建立在这项证据的基础之上。现在看来，方达反复追问“难道他们的证词不会有错吗？”是有道理的。而一开始时陪审团认为证词无误的假设可能是错的。

让每个人捍卫自己的立场还有另一个好处：他们的辩解会让多数派的共识露出破绽。我们知道，一旦共识出现缺口，就会严重削弱多数派的力量。11名陪审员可能都赞同“有罪”判决，但理由各不相同。在影片中，他们未就这些理由达成一致，并因此争论起来。

每个人还会显露自己的确定程度或者不确定的程度。如果你正在寻找盟友，就要注意多数派中意见不确定的成员。几名陪审员表现出明显的偏见，激怒了其他几个人并引发争论，这为方达创造了机会。他现在知道谁有可能被他说服，而且如果有人转而接受他的立场将意义重大，因为多数派影响力的重要基础就是意见一致。这是了解程序规则的另一个好处。

前文说过，一个被证明有重要意义的程序性决定是，让11个人组成的多数派陈述他们的理由（而不是任由他们质询持异议者的理由并借此实施狂轰滥炸）。陪审团团长的这一决定对持异议者方达有利，尽管团长认为这有助于说服方达，让他知道自己错了。在后来的审议中，另一件事再次证明了掌控程序的重要性。这一次是方达利用程序达到对他有利的目的，但由于他不是陪审团团长，因此在某种程度上需要运用相当精妙的技巧。

陪审团似乎一度陷入了僵局。感知到一些人的不确定态度后，方达明智地提出再次进行投票的建议，并提议放弃口头方式而改用书面方式，以增强私密性。他还宣布他将不参加投票。如果所有11人都投“有罪”票，他就不再多事。他们可以停止审议，最终做出“有罪”判决。请注意，这条建议十分公正，其他人很难拒绝他。与此同时，我们注意到他的立场没有任何不确定性，也没发生任何变化。他心平气和地承认了多数派的影响力，以及很难让他们改变主意。他知道书面投票更有可能让独立性得到体现。更重要的是，他知道如果某个陪审员愿意成为他的盟友，就有可能改变审议的本质。他猜想这位盟友会出现。

方达知道，在这11个人中，有几个人态度摇摆不定，或者说他们至少正在思考这个案子，并表示出某种不确定性。陪审团团长唱票的声音很响亮，“有罪，有罪，有罪，……”，连续7张都是“有罪”票。接着，团长拿起第8张票，他看完之后停顿了一下说“无罪”。之后的三张票分别是“有罪，有罪，有罪”。终于有一个人站了出来，方达也因此有了一位盟友。

当其他人一面指责一面试图找出投“无罪”票的这个“白痴”时，约瑟夫·斯威尼（Joseph Sweeney）饰演的一位老人站出来说那张票是他投的。接着，他陈述了自己的理由：不是因为他改变了立场，而是因为他不像之前那么确定了。更重要的是，他认为方达在面对多数派时表现出巨大的勇气，他的意见值得一听。在诚挚的氛围中，审议重新开始了。

我们都知道电影的结局。陪审团成员一个接一个地改变了主意，最终做出了“无罪”裁决。

××

尽管富有戏剧性，但这部电影以微妙的方式证明了少数派立场也是有可能压倒一切的。这与现有的研究结果一致，也是这部电影取得成功的原因。

刚开始时，我们看到了公开投票的威力：通过施加压力，达成一致意见。第一次投票是公开举手表决。当陪审团团长问有谁赞成“有罪”判决时，前几个人自信地举起了手。其他人虽然也跟着举起了手，但却有点儿犹豫不决。第一轮投票的结果是，11名陪审团成员赞成“有罪”判决。接下来，我们看到了做“唯一”的反对者是多么困难重重。当陪审团团长问有谁赞成“无罪”判决时，方达举起了手。那一刻，他孤立无援。

我们看到，多数派立即做出了与研究结果一致的反应，方达因此成为众多嘲笑和沟通的对象。多数派的第一反应是“总有一个（唱反调的）”，并质疑方达：他怎么会持这种立场呢？通常情况下，方达应该处于守势，但程序性决定改变了这种状况。陪审团团长没有让审议按照正常流程进行下去，而是建议每位陪审员陈述各自的理由。换句话说，多数派的每位成员都必须解释他们为什么赞同“有罪”判决。这样一来，处于守势的一方反而变成了多数派。在陈述理由的同时，他们推理过程中的瑕疵和彼此之间的分歧全都暴露出来。

盟友（尤其是“背叛”多数派转投少数派的盟友）的价值在影片中得到了充分的体现，方达饰演的角色通过对观察结果和程序规则的几次巧妙利用，获得了一个盟友，这与研究结果一致。

方达认真观察了每位陪审员的语言和非语言行为，以辨别哪些人可能会转投“无罪”阵营。当陪审团即将陷入僵局时，方达请求再次投票表决，并建议采用匿名的书面方式。他知道，与公开投票相比，匿名投票更有可能让潜在的盟友站出来。方达还提出自己不参与投票，从而将责任推给了那位潜在的盟友。如果所有 11 张选票都赞同“有罪”，他就无条件接受多数派的意见。在这种情况下，这 11 名陪审员中必须有人站出来赞同“无罪”判决，否则就会因为没人持异议而以全票通过“有罪”裁决了。因此，所有态度不确定或者想转投“无罪”阵营的人，都不能再躲在持异议者方达的身后了。

通过观察人们的言行，方达知道最有可能成为他的盟友的人应该是约瑟夫·斯威尼饰演的角色。书面投票需要承担风险，但方达知道他的说服力已经发挥至极致，他需要一个盟友，去进一步削弱多数派的力量。方达的冒险得到了回报：斯威尼加入少数派阵营，他坦承自己投了“无罪”票，并陈述了理由。其中一个理由是，方达表现出令他钦佩的勇气，这与研究结果一致。

这部影片证明了坚持信念并甘愿为之付出代价的重要意义，这一点贯穿于整个审议过程。这部电影还展示了关于辩论和程序的“艺术”。它戏剧性地展示了持异议者也有可能说服多数派。我们需要关注的重点是坚持到底更让对方钦佩，而不是讨对方欢心或做出妥协。方达因为持异议而不太受欢迎，但他有很强的说服力。

在某种程度上，爱德华·斯诺登也不受人欢迎，但他赢得了一定的尊重。在对他不无尊重的批评者中，甚至有一个让人意想不到的人。在斯诺登泄露美国国家安全局情报期间，担任奥巴马政府司法部部长的埃里克·霍尔德（Eric Holder）后来说，斯诺登为启动之后做出的种种改变提供了“公共服务”。当然，这并不意味着斯诺登随时可以回到美国。

第二部分

共识与异议——打破常规性思维，激发创造性思维

说服他人认同你的观点，具有非常重要的意义，这是本书第一部分讨论的主题。我们看到，“多数派”比“少数派”更容易获得认同。多数派用来说服他人的理由与少数派不同，所获认同的性质也不一样。例如，多数派即使没有在私下里改变人们的态度，也可以在公开层面上获得认同；而少数派的声音有可能在私下里令我们信服，但在公开层面上的说服效果却不明显。多数派的说服力直接且即时有效，而少数派的说服力往往隐性又微妙。

虽然劝说很重要，但当涉及共识与异议时，获得认同的能力只是故事的一部分。本书第二部分主要探讨我们在面对多数派观点或者少数派观点时是如何思考问题的，而不仅仅关注我们是否认同他们的具体立场。我认为，多数派和少数派的观点可以激发不同的思维方式，这个事实远比他们是否具有说服力（是否能“取胜”或者获得我们的认同）重要，因为思维方式会影响我们的思考和决策质量。

多数派观点和少数派观点，以截然不同的方式刺激我们的思维方式。多数派观点，尤其是在达成共识的情况下，会导致我们思路狭窄、闭塞，而少数派观点（即异议）可以拓宽和打开我们的思路。因此，共识和异议对我们的决策质量和解决问题的创造性影响深远。总的来说，共识是一种阻碍，而异议是一种益处。

第 4 章

共识让人的思维方式单一化，行动与决策失去理性

本章将讨论多数派观点如何影响那些与之接触的人的思维过程。共识让多数派令人敬畏。只要知道多数派的观点，就足以改变我们的信息搜寻方式、我们的信息理解方式、我们的选择、我们解决问题的策略，甚至还会改变我们的想法的独创性。

我们可能担心共识的力量会让人盲目跟风，但我们不知道共识有一个更不易被察觉的风险，即它会导致我们在考虑问题时思路狭窄。事实上，不仅如此，它还会把我们的思路引往某一个方向，让我们从共识的角度考虑问题。这些论点虽然较为宽泛，但已经得到了多项研究的证明。

通往错误判断和决策的共识之路

如果我们不假思索地表示认同，也就是说，无论他人的意见是对是错，我们都欣然接受，我们自己的决策就有可能会出错。第2章说过，我们在面对共识时就会这样做，仿佛上了一辆自动驾驶汽车。更重要的是，共识激发的思考会导致我们与好的决策背道而驰。在搜寻信息、做出选择时就会心存偏见，考虑某个立场时往往也不会权衡利弊。共识甚至会限制我们的甄别能力，让我们对摆在面前的解决方案视而不见。共识会产生强烈的吸引力，弱化我们的推理能力，歪曲我们的视角，致使我们变成一个没有理性的行动者。

独自一人时，我们考虑的信息很少。我们在选择和解释这些信息时会带有很多偏见，而这些偏见通常与我们的信念一致。我们解决问题的策略也存在偏见，经常会采用已经失效的旧的解决方案。但是，当我们面对多数派意见时，我们的思路会变得更狭隘。更糟糕的是，我们的思维倾向于一个方向，即多数派的视角。总的来说，狭隘、单维的思路会降低我们决策的质量和解决问题的效果，它甚至还会导致我们心甘情愿地被洗脑。

共识会激发单一视角的思考，这是群体犯错误和做出错误决策——甚至是致命决策——的原因之一，也是邪教及类似组织如此专注并且善于创造共识的原因之一。

从偏倚的思维方式到糟糕的决策

邪教似乎离我们的生活很远，但事实上，它们就是我们每日可见的共识的极端版本。总的来说，共识使我们的思考局限于多数派的视角。在这种情况下，我们可能会把不正常的事情视为正常，从而失去看见备选方案和质疑共识的能力。我们甚至甘当多数派观点的拥护者，最终助长了信息封闭的程度。

1978年11月19日清早，刚刚起床的人们从新闻中得知，南美洲的一个叫作圭亚那的国家发生了一起918人集体死亡的事件，其中包括276名儿童。该事件发生于琼斯镇的邪教组织——人民圣殿教的所在地。照片显示，地上躺着数百具尸体，给人一种非常奇怪的感觉。这不是一场由恐怖分子、军队或精神病人实施的屠杀，证据表明这些人死于集体自杀。他们都喝了一种掺有氰化物和镇静剂的葡萄味果汁，成年人在喝果汁之前，甚至会先给孩子喂下这种致命的饮料。这到底是怎么回事呢？

人民圣殿教的教主吉姆·琼斯（Jim Jones）是美国印第安纳州波利斯市的一名传教士。20世纪60年代中期，他带着一批忠实的教徒来到了北加州。他以实现人人平等为使命，这在那个时代深受欢迎，在旧金山更加如此。他的教义都与温暖和关怀有关。在他创建的人民圣殿社区，人们彼此关心，将资本主义和个人主义的一切罪恶都拒之门外。当然，他还添加了邪教领袖身上常见的东西——与上帝的特殊关系和创造奇迹的能力。例如，琼斯经常在会众面前“治愈”癌症患者。

吉姆·琼斯的教义具有很强的影响力，他本人也充满魅力。不仅如此，他还知道共识拥有控制思想的效力。为了达成共识，他在为社区招募人员时非常小心，只有那些可能“适应”社区生活、愿意接受他的教义的人才会入选。他不断地重复他的教义，并安排潜在的皈依者与信徒互动。人们举家搬迁至琼斯镇，更加坚定了彼此皈依的决心。琼斯对公开表示认同的行为大加鼓励，并且他不能容忍任何异议，甚至不能容忍怀疑。如果信徒有亲朋好友不相信或不接受他的教义，就必须迅速与他们断绝关系。

任何活跃的持异议者都会受到惩罚。如果有人提出批评意见或表现出任何抗拒情绪，按惯例会在集会时被带到会众面前接受谴责，还会鼓励其他会众对他们施以额外的惩罚。例如，孩子们可能会因为拒绝同意或提出异议而遭到公开殴打。这一切都是为了实现一个更“宏大”的目标——吉姆·琼斯式乌托邦。

吉姆·琼斯的精神理想是摆脱罪恶的资本主义，所有人一起生活工作，共享财产。会众可从日常压力中解脱出来。有人帮他们做决定，让他们的生活变得更容易、更友善、更有规律和更平等。他们不需要独立思考，因为吉姆·琼斯及其忠实助手会为他们考虑好一切问题。

琼斯确信（并试图让所有人相信），美国政府最终会摧毁这个理想的社区。他不断地预言他们将遭到美国政府的折磨，并告诉他们集体自杀是一种光荣的选择。会众还利用一种类似酷爱牌饮料但不含镇静剂和氰化物的混合物，对自杀行为进行了演练。不久之后，演练就变成了实际执行，它的导火索就是美国国会议员里奥·瑞安（Leo Ryan）的到访。

瑞安是在接到一些令人不安的报告后访问琼斯镇的。他是靠近旧金山的加州第11选区选出的议员，该区的一些选民为他们关心的人被强行留在琼斯镇而担心。因此，瑞安决定亲自前往一探究竟，与他同行的还有一个电视摄制组。

到达琼斯镇后，瑞安及其随行人员很快就发现了一些潜在的问题。有人给摄制组的一名成员递了一张纸条，上面是想要离开琼斯镇的人员名单。第二天，瑞安宣布他将把那些希望离开这里的人带走。只有少数人接受了他的邀请。但是，琼斯及其助手不允许任何反叛或挑战他们已达成共识的行为。在某种程度上，他们知道即使是少数成员持有异议，也会一发不可收拾，最终打破他们的控制。

就在瑞安及其随行人员在机场等待飞机起飞时，人民圣殿教的几名武装成员冲了过来，开枪射杀了停机坪上的5个人，包括瑞安。吉姆·琼斯的预言似乎就要成真了。他知道这次杀戮会带来什么后果，于是命令会众实施他们操练过的集体自杀行动。他们准备了一大桶掺有氰化物和镇静剂的葡萄味饮料。大多数人都遵从命令喝下了这种饮料，但琼斯没有。他死于头部枪伤，而且显然是他自己开的枪。他并没有喝他的“酷爱”饮料。

在听闻琼斯镇惨案这类悲剧事件时，我们大多数人都会感到疑惑不解。他们为什么会自杀，而且是900多人同时自杀？许多人认为这是个人性格导致的，他们内心软弱，没受过教育，很容易被说服。大多数人都认为自己不会盲从——我们肯定不会因为某个领导者或者其他人的言行就结束自己的生命。真的不会吗？从前几章的讨论看，我们并不确定。

在共识所涉及的人脉圈子里，有些人可能是领导者，其他人则是跟随者，现实生活中不乏这样的例子。可以肯定的是，在创建一致性文化的过程中，领导者或权威人物可能扮演着非常重要的角色，但赋予这种文化以强大影响力的却是共识。吉姆·琼斯不必持续地宣扬他的教义或说服他人；共识会帮他完成这些工作。约翰·斯图亚特·穆勒（John Stuart Mill）指出，多数派可能是一种暴政，而且它比统治者暴政更难以察觉，因为在民主国家，人们都认同政府。多数派的意志可能比统治者的意志更强有力，这部分是因为我们没有意识到它的强大吸引力。

诸如吉姆·琼斯的人民圣殿教之类的组织都会创建并维持共识，这是有原因的。正如《基业长青》等畅销书描述的那样，邪教式组织培养共识，并“像防范病毒一样”排斥异议是有原因的。正如我们在本书第一部分看到的那样，多数派意见在获得认同方面有强大的影响力，尤其是在有共识的情况下。

琼斯了解共识的力量，因此他处心积虑地培养共识。他限制信徒与外界的交流，杜绝信徒与非信徒交流。任何可能持异议的人都被切断了联系。如果有人提出异议，甚至只是表示怀疑，就会受到惩罚。

共识不仅仅是他希望达到的目标，更是必须达成的目标。科学教、基督复临安息日会大卫支派以及其他邪教或宗教组织也有类似的故事。这些组织通常都会设置“看守者”角色，他们无处不在，随时报告信徒的活动，以保证信徒不会与非信徒接触或信奉“异端邪说”。看守者的任务是确保没有异议出现。

虽然领导者可以通过强制手段达成共识，但群体本身就具有创造共识、惩罚异议的能力。我们将在第6章介绍大量关于这种群体能力的研究。我认为共识真正的力量在于，它会改变人们的思维方式。共识不只是公开认同。它通过微妙的、潜移默化的方式而非强权使人们屈服。共识更强大的地方在于，人们会从共识的角度思考问题。他们有选择地寻找和分析信息，去证明这种观点是正确的。就这样，他们进行了自我洗脑。不知不觉中，他们眼中的现实发生了歪曲。

共识的强大影响力不仅限于人们感到特别孤立无援的陌生环境。当周围的人意见一致时，我们就会认为他们是对的。当买电影票的人都在某个售票窗口前排起长队时，我们就会下意识地排到那支队伍后面。当房间里的每个人都哈哈笑的时候，我们就会在不知不觉中受到感染，也开心地笑起来。事实上，我们常意识不到自己的模仿行为，我们甚至意识不到自己思考问题的方式也逐渐趋同于多数人。我们可能认为自己是在理性地搜寻信息，但却没有意识到我们其实是在有选择性地搜寻信息——支持共识立场的信息。

思维偏倚与糟糕的决策

如果我们逐一列出导致糟糕决策的原因，狭隘、偏倚的思维方式肯定位列其中。如果你这样思考问题，你就不会考虑到一系列目标，也不会考虑多种行动方案；你会根据某个立场挑选信息，眼中只有这种立场的优点，而看不到它的缺点，也不会考虑其他立场。你把这个立场变成了衡量一切事物的标准。这种思维方式是导致糟糕决策的一个重要原因。

琼斯镇就是这种状况。多项研究证明，人民圣殿教的信徒很可能习惯从共识的角度思考问题，而且他们并不是因为受到胁迫才这样做的。

决策的第一步是搜集信息。如果你想做出一个错误的决定，你会从一开始就缩小信息的搜集范围，只为了证实你偏倚的单一立场是正确的。多数派意见往往足以激发这种偏倚的信息搜集行为：你不是广泛地搜集各类信息，而是积极地搜集可以证实并让你信服多数派立场就是真理的信息。我们在加州大学伯克利分校进行的一项研究就说明了这一点。

实验者把四五个学生分成一组，并告诉他们该项研究的目的是，调查学生如何看待关于改革校园住宿政策的若干建议。这些建议包括按性别划分楼层，实行强制性熄灯就寝制度，以及根据专业分配宿舍等。我们知道学生会讨厌这些潜在的变化。事实也确实如此。

随后，实验者把一项调查结果告诉了这些学生。该调查显示，大多数学生——大约80%——支持这些改革建议。此外，实验者还告诉这些学生，他们所在的小组也表现出相似的模式，5个人中有4个人支持这些建议。每名学生都认为只有他自己持反对意见议。

在等待下一阶段的实验时，学生们有机会看到关于住宿问题的更多信息。实验并没有要求他们阅读任何东西。但是，如果愿意，他们可以阅读针对该项调查的评论。有的评论很短（仅有半页），有的评论很长（长达三页的详细评论）；有的支持这些建议，有的则表示反对。学生们最多可选择阅读其中的12条评论，结果，平均每人选择的评论数都超过4条。而且，从他们选择阅读的内容中我们能看出一些重要的东西。

相信有80%的人支持这些建议的学生，想要阅读多数派成员的评论。他们选择的支持性评论的数量和篇幅都多于反对性评论。他们希望通过了解细节信息来领会多数派的看法。他们对另持一种立场的评论不感兴趣，尽管这才是他们自己的立场。

大学宿舍管理建议与琼斯镇事件似乎风马牛不相及，但我们从中可以得到一个重要启示：即使涉及的问题不太重要，我们也会从多数派观点的角度考虑问题。我们的思路变得狭隘，甚至比我们独立考虑问题时还狭隘，也更偏倚。我们接受多数派观点，而不是坚持自己的观点。我们有选择性地搜寻能证实多数派立场的信息。

导致信息搜索出现偏倚性的许多原因，都与我们跟随或认同多数派的原因相同。我们一开始就假设多数派是正确的，或者认为他们知道我们不知道的事情。我们也想成为多数派中的一员。搜寻有利于多数派立场的信息，可以达到我们的目的——证实多数派的立场，并加入多数派。可以想象，1978年远在千里之外的那些圭亚那人的这种动机更加强烈。显然，他们都一致认为，“住在琼斯镇很好”。可以想见，如果他们心存疑虑，或者发现自己持少数派观点，尤其是在看到其他人遭到嘲笑或惩罚之后，他们会有多么恐惧。琼斯镇只有共识，没有反对意见，即使心存疑虑也会害怕受到惩罚。

没有邪教式组织施加影响或控制，没有实验参与者的相互交流，没有出现领导者，而且涉及的是一个无关紧要的问题，但实验最终却得出了这样的结果，在某种程度上甚至更加引人关注。只是知道多数派的立场，就足以影响信息搜索行为，使之出现偏倚。我们不只是跟随多数派的立场，我们还会心甘情愿地寻找能证实它的信息。我们缩小信息搜寻范围，排除其他信息，甚至把支持我们最初立场的信息也拒之门外。在多数派对我们进行洗脑的同时，我们成为他们的帮凶。

诸如琼斯镇集体自杀事件之类的戏剧性案例，表明了创造并维持单一观点的后果。作为局外人，我们似乎很难理解为什么有人会允许他人对其财务或子女抚养问题——当然还有他们的人生——指手画脚并做出决定。但是，当你意识到这种状况是经年累月一点一滴形成的，它就很容易理解了。先是受到邀请，然后是共进晚餐，接着是和一些志同道合的人参加许多社交活动，之后是和教会成员住到一起，搬到另一个国家……

这其实就是一个诱导的过程，每一步都涉及承诺。第一个承诺可能很小，例如，接受一杯饮料或同意坐下来聊聊天。随着一次次承诺，其内容会不断升级：约会、搬家、共享财产……但是，对于邪教及类似组织来说，个体之所以愿意放弃对其基本人权的掌控，部分原因是组织内部达成了无人质疑的共识。这可能是邪教组织的一个最重要的工具。

我们大多数人都没有加入邪教组织或者类似于琼斯镇那样的极端群体，但值得反思的事实是，我们中的许多人都生活在以共识为特征的信息泡沫中。我们有可能就是在这样的泡沫中长大的，即使我们根本没有意识到。我们受到的宗教、文化或政治教育，可能会使我们的朋友、同学和家人都形成一致的意识形态。这种教育虽然不像真正的邪教组织那样封闭，也与之相似。我们通过选择认同这种教育的朋友或者新闻媒体，置身于这样的信息泡沫。我们最终创造并生活在一个由志同道合者组成的世界中，它就像琼斯镇一样，有可能形成所有成员都深信不疑的共同信念，而没有人反思这些信念有哪些缺点。

狭窄的关注面和单一的解决方案

与做决策一样，解决问题的方法通常也是多多益善。如果我们只采取一种解决办法，我们就只能寄希望于它是正确的策略，或者至少是最好的策略。如果美国联合航空公司173号班机的机组人员考虑过几种解决方案，他们就有可能更慎重地考虑燃油油位问题。我们在前言中说过，这肯定比只关注起落架这个单一策略好。回到那个算术题的例子，只采用一种计算方法通常会导致犯同样的错误。如果你第一次计算12 + 19时认为它等于21，那么即使你再多算几次，你仍然有可能认为它的答案是21。但是，如果你用另一种计算方法——从21中减去19——你就会发现得数是2而不是12。此时，你会意识到自己犯了一个错误。

采取多种方法是第一步。它无法确保你能找到正确的解决方法，但与采用单一方法相比，它大大地增加了正确的可能性。值得庆幸的是，一旦你考虑到多种可能性并逐一认真分析，往往就能顺理成章地判断出各个解决方案或决策的优劣。

当多数人都采用某个特定策略时，我们往往也会这样做，原因很简单：这是多数派的策略。多数派策略可能不是建立在其成功先例或较大可行性的基础之上。但是，我们选择了跟随。更糟糕的是，我们不愿意使用其他方法，甚至是我们平时使用的那些方法。于是，我们不仅跟随着多数派的脚步，我们也像他们那样思考。多数派意见造成的这种后果可能尤为恶劣，因为我们通常意识不到自己正深受其影响。

我们进行的一项涉及解字谜的实验研究证明了这一点。我们把实验对象每4人分成一组，向他们快速展示字母串，并要求他们把看到的第一个由三个字母组成的单词写下来。他们看这些字母的时间还不到一秒钟。大家可以想象一下，当一串像“rTAPe”这样的字母在你眼前一闪而过时，你能看到什么？所有人都会看到“TAP”这个单词，因为这个单词从左到右的三个字母都是大写形式，而且我们习惯从左到右阅读。每名实验对象都会看到5个不同的字母串，然后写下他注意到的第一个单词。就像我们预期的那样，每个人写下的都是由大写字母按从左到右的顺序构成的单词。由于字母串显示的时间很短，他们只能看到这些。

然后，我们把结果反馈给这些参与者，但那不是真实结果。在把他们的答案收上来后，我们把他们4个人注意到的第一个单词告知他们。以字母串“rTAPe”为例，我们告诉他们，他们4个人的答案分别是“PAT，PAT，PAT，TAP”。于是，每个人都以为小组里其他三人最先注意到的是由三个大写字母按从右到左的顺序构成的单词“PAT”。我们对所有5张幻灯片都给出了同样的反馈。例如，对于字母串“wDOGa”，我们告诉他们其所在小组看到的单词是“GOD，

GOD，GOD，DOG”。每个参与者都知道自己看到的是“DOG”，这意味着其他人看到的都是“GOD”。接下来，测试开始了。

这一次，每个人看到的是包含10个字母的几个字母串，并被要求写下他们能用这些字母组成的所有单词。每个字母串的观看时间为15秒。他们写下的答案是什么呢？他们组合的单词与对照组（对照组没有收到反馈，因此他们不知道其他人的答案会有所不同吗）？答案是肯定的。在用新的字母串组合单词时，他们采取了多数派的视角和策略。他们不可能告诉你他们正在用这种方式组合单词，但事实上他们采取的正是按从右到左的顺序组合单词的方法。

在实验中，大多数人坚持采用这种反向字母排序法来组合单词。现在，参与者正试图从一系列新字母串中找出所有单词。举个例子，假设我给你的字母串是“nRAPo”，然后要求你找出尽可能多的单词。看看你是如何组合这些单词的。你可以按照我们阅读的正向顺序，由左至右组合出“NAP”“RAP”“NO”，也可以按照反向顺序组合出“OR”“PAN”“OAR”，还可以按照混合排序法组合出“NOR”“RAN”“APRON”。

结果显示，参与者在利用字母串组合单词时，使用了多数派的策略。他们用反向排序法组合出的单词多于未得到反馈的对照组，但他们写下的单词总数并不多于后者。他们用字母反向排序法组合出更多的单词，但代价是正向排序的单词变少了。得知了大多数人解决问题的策略后，他们的关注面变窄了，使用其他策略和发现其他解决方案（包括他们独自解决问题时习惯采用的方案，例如正向排序构词法）的能力也减弱了。

专注力有时可能是一个不利因素

在做决策和解决问题的过程中，我们发现多数派观点会导致我们的关注面变窄。一般来说，关注面狭窄是一个不利因素，会造成糟糕的决策，因为它会导致我们在搜索信息、考虑解决方案时自我设限。在大多数情况下，这种自我设限是有害的。我们不会考虑到形势的复杂性，也不会认真考虑多数派方案的替代选择，我们甚至不屑一顾。

一项研究表明，当没有人质疑多数派的判断时，我们往往“看不见”解决方案，这类似于美联航机组人员的情况：他们的注意力都集中在起落架上，而忽视了燃油油位的变化。在这项研究中，参与者的任务是判断一幅大的图画中是否藏有火柴人。研究人员向参与者展示了6幅非常复杂的图画，其中可能包含火柴人，它可能是侧着身的，也可能是上下颠倒的。他们的任务是从这6幅图画中找出有火柴人的那几幅。事实上，有3幅图画中确实藏有火柴人，其中一个还非常容易看出来，另外3幅图画中则没有火柴人。

所有参与者被分成几个六人小组，并完成这项任务。在每个小组中，6名参与者中有4名（占多数）是实验者安排的助手。这4名实验助手每次都会做出两个相同的选择：那幅简单的图画和另外一幅图画。在一种实验条件下，他们选择的第二幅图画是正确答案，即该图中有火柴人。而在另一种实验条件下，他们选择的第二幅图画不是正确答案，即该图中不包含火柴人。实验结果表明，多数派正确与否无关紧要。无论如何，人们都会紧随其后，而且有样学样，丝毫不差。无论实验助手的答案正确与否，其他实验参与者也都选择了那两幅图画。

更重要的是，他们无法从多数派未选择的其他4幅图画中找出火柴人。这4幅图有两幅是正确答案，但参与者没能把它们找出来。面对多数派意见，他们似乎只关注多数派选择的那两幅图，至于其他的图画，他们甚至没有认真地看一看。因此，他们无法找出其他正确答案。他们所做的就是跟随多数派，不仅全盘接受多数派的观点和策略，关注点也一模一样。

飞机驾驶舱里的致命思维方式

如果你准备从单一角度出发处理问题或做出决策，你最好祈祷这个角度是正确的。采取单一方案固然高效，但如果这个方案是错的，你就很有可能跌入万劫不复之境。因此，这几乎不是正确的决策方法。一般来说，广泛地搜索信息和考虑多种备选方案，对于我们做决策和解决问题而言都是有益的。只在我们目光精准或者除它以外的东西都无关紧要的情况下，关注单一决策或方案的做法才是可行的。

更大的问题在于，如果我们跟随多数派的思维方式或解决问题的策略，我们就不太可能注意到其他信息或可能出现的不同问题，也不太可能运用多种策略来解决这个问题。这可能就是导致美国联合航空公司173号班机悲剧的原因之一。机组人员的狭窄关注面导致的不只是低效或错失良机的后果，而是飞机真的从天上掉了下来。现在，我们结合本章讨论的内容，再回顾一下这个案例。

你可能还记得，本书前言说过，在美联航173号班机从丹佛飞往波特兰途中，机组人员听到了一些噪声和震动声，正常情况下表明起落架已放下的指示灯没有亮，于是机长和机组人员全神贯注地排查起落架的问题。他们没有注意到燃油快用完了，或者更准确地说，他们都没有指出这个问题。飞机坠落在波特兰郊区，距离西北方向的机场只有6海里（11千米）。

许多人可能认为，如果只有一个人，那么在他关注起落架问题的时候，是有可能忽略燃油表读数的；但飞机驾驶舱里一共有三个人——经验丰富的机长、副机长和飞航工程师——他们怎么会犯这样的错误呢？我们通常认为，人数越多，群体解决问题的能力就越强，但事实上，如果这些人达成共识，他们反而会成为解决问题的障碍。即使有人注意到其他问题或者不同的解决办案，在共识的影响下，他不大可能说出来。

在美联航173号班机上，机长并没有明确命令机组成员把注意力集中在起落架上。他不是吉姆·琼斯，不可能监控机组全体人员的注意力。这种力量源于共识。在45分钟的时间里，他们只关注一个问题（起落架），几乎完全没有注意到另一个问题（燃油即将耗尽）迫在眉睫。他们的做法其实就相当于前例中只用反向排序构词法。

这场悲剧发生后，人们希望可以从中汲取些许“经验教训”。美国国家运输安全委员会认为，机长和机组成员都应该为这起事故承担责任。总而言之，该委员会认为机长过分关注起落架故障，没有听取机组成员的意见，而机组成员也没有及时沟通紧急情况。共识打败了他们。

美国联合航空173号班机事故使我们注意到一种新的跟随方式——沉默地盲从，也就是说，即使看到问题或注意到不足之处，也不说出来。机组成员注意到了燃油油位问题，但他们缄默不语。波特兰塔台甚至询问了这个问题，所以机组人员明明有机会“说出”这个问题，他们却没有说。由于他们的集体胆怯，“好人不作为”在驾驶舱里上演了。

美国国家运输安全委员会认为，机组成员可能遵从了机长的“思维方式”。调查人员知道，机组成员的行为不能简单地用遵从或愿意服从命令来解释。但是，他们没有意识到机组成员的一致赞同助长了这种思维方式。所有研究都表明，如果有人提出异议、打破共识，共识的力量就会减弱，机组人员独立思考的可能性也会增加。

与我知道的所有大学或组织一样，美国国家运输安全委员会的首选解决方案是进行教育和培训，以实现机长的“参与式管理”和机组成员的“自信训练”。换句话说，机长不能“一言堂”，关闭下属提供信息和提出问题的通道，而机组人员则必须敢于表达自己的意见和建议。许多组织都把培训视为灵丹妙药，培训可能有帮助，但总的来说，它在消除偏见方面的效果并不明显。

我认为，在让人们敢于表达自己的观点方面，培训的效果同样不太好。权力和等级制度具有现实性，人们不会心甘情愿地放弃权力和地位。直言不讳地表达观点，无论是宣之于口还是心中默想，都要付出代价。当我们属于少数派或者认为自己缺乏足够的专业知识时，我们就会发现发表意见不是一件容易的事。如果有反抗权威者出现，我们就会得到帮助。无人质疑的共识是最危险的。

我们知道，狭隘的视角会损害好的决策，也会损害原创性思维。举一个共识导致思路闭塞的例子。我们做过一项研究，调查了人们在面对多数派意见时的独创性想法。参与者需要对一组蓝色幻灯片的颜色做出判断。在实验条件下，参与者发现大多数人（80%）都认为这些幻灯片是绿色的。在控制条件下，研究人员没有把其他人的判断反馈给参与者。接着，参与者完成了一个简单的单词联想任务——给出7个与“蓝色”相关的英文单词和7个与“绿色”相关的英文单词。研究结果显示，与对照组相比，那些知得大多数人都认为蓝色幻灯片是绿色的参与者，更容易产生常规性联想，在独创性方面不及对照组。

共识和专注力的另一面

读到这里，如果大家以为共识和专注思维只会产生消极影响，就说明本书的讨论并不完整。一般来说，专注的视角不利于做决策和解决问题，但有时它也是有益的。如果它是正确的，那么它必然是高效和有用的。但即便如此，狭窄的关注面仍会限制我们的考虑范围，并降低我们发现其他问题的可能性。

我和我的同事做过一项旨在测试共识驱动思维的潜在优势的研究，当我们试图验证狭窄的视角有可能是一种有利因素时，却发现很难找到一项合适的任务，直到我们发现了斯特鲁普测试（Stroop test）。这是一个不同寻常的测试，因为参与者的表现取决于他能否专注于一个维度，而忽略另一个维度。在这项任务中，参与者将看到一组用不同颜色的墨水打印出来的关于颜色的单词。根据研究人员的要求，参与者需要用尽可能快的速度并尽可能准确地说出墨水的颜色。

由于本书正文是黑白印刷，因此你需要通过想象来理解这项任务。设想你看到的是下面这些词：

黄色　白色　蓝色　红色

现在，我们想象“黄色”这个词是用红色墨水，“白色”是用绿色墨水，“蓝色”是用黑色墨水，“红色”是用蓝色墨水打印的。为便于你了解这项任务，你最好将它们写在一张纸上。

你的任务是根据墨水的颜色，把这4个词读成“红色，绿色，黑色，蓝色”。你会发现，当你尝试以尽可能快的速度完成这项任务时，你会读出这个词表示的颜色（“黄色”），而不是打印它的墨水的颜色（“红色”）。这是因为你正在完成一个经典的干扰任务：颜色的名称会对墨水的颜色形成干扰。

在斯特鲁普测试中，专注于刺激词的一个维度更有利于完成任务，具有这种特点的任务为数不多。但是，你必须关注正确的维度（墨水颜色），还要忽略另一个维度（名称）的干扰。这是少数几个对信息加以限制反而有利的任务之一。独立做这项测试有一定难度：参与者要么会放慢速度以免读出颜色名称，要么会犯很多错误。这就是研究者要求参与者以尽可能快的速度并尽可能准确地完成任务的原因。

在我们的研究中，大多数人做判断时的关注点不同。在一种实验条件下，大多数人关注的是颜色词的名称；在另一种条件下，他们关注的是墨水的颜色。在这两种情况下，实验参与者都跟随了多数派的关注点。如果多数派关注的是墨水颜色，参与者知道这个信息后也会关注墨水颜色，因此他们在斯特鲁普测试中的表现更好，速度更快，准确率更高。如果多数派关注的是颜色名称（错误的维度），那么参与者也会关注颜色名称，因此他们在斯特鲁普测试中的表现会差得多。在这两种情况下，参与者都采取了多数派视角。

在一种实验条件下，关注点是正确的（墨水），但在另一种条件下，关注点是错误的（名称）。在斯特鲁普测试中，关注点要么转化成一种有利因素，要么变成一种不利因素。该测试表明，如果它是正确的，单一关注点就有利于提高效率，这与其他研究的结论一致。但是，单一关注点有一个显而易见的问题：它极少会变成一种有利因素，因为我们几乎无法确定多数派的关注点是正确的。不过，我们的研究表明，如果一项任务需要忽略某些信息，那么原则上，关注面狭窄可能是一种有利因素。

综上所述，多数派的判断，特别是当他们形成共识时，会导致我们的关注面变狭窄，让我们以多数派的视角考虑问题。如果关注面受限，我们在搜寻信息、考虑备选方案、应用解决问题的策略等方面也会受限。它就像一个过滤器，诱导我们像多数派那样思考。虽然我们可以运用一般性原则趋利避害，但总体而言，研究表明狭窄的关注面会降低我们做决策和解决问题的质量。

第 5 章

异议有助于激发发散性思维，强化思考能力

在第一部分，我们看到多数派和少数派是如何说服他人认同他们的立场的，两者的区别仅在于说服者是“多数派”的一员还是“少数派”的一员。我们还看到，多数派和少数派获得认同的途径不同，而且会在不同层面（例如，公开和私下）上改变他人的态度。在第二部分，我们看到多数派意见和少数派意见的影响力，不只局限于努力说服他人或得到认同。当他人试图影响我们时，无论我们是否认同或跟随他们，他们都会改变我们思考问题的方式。但是，多数派观点和少数派观点对我们思维方式的影响截然不同。

我们在上一章研究了多数派的影响力。多数派——特别是在没人质疑他们的时候——会影响我们以不同于平时的狭隘、偏倚的方式思考。这种偏见是有方向性的，特别是我们会以多数派的视角思考问

题。于是，我们会选择与多数派立场一致的信息，使用多数派的策略解决问题。我们与多数派串通一气，用他们的观点看问题，即使我们没有对多数派的立场表示认同。结果是，我们做决策和解决问题的质量常会受损。

在本章中，我们将看到异议——“少数派”观点——也会改变我们的思维方式。不过，这是一个好消息。当面对异议时，我们的思维会比独自一人时更发散，无论异议是对是错。这就好比我们会探索不同的路线，搜集问题的各个方面的信息，挖掘更多样化的选择。结果是，我们更有能力做出好的决策，发现新的解决方案。

异议有诸多益处。在第2章中，我们看到异议的一个好处是，它可以打破多数派诱使人们盲从于他们的力量。在本章中，我们将看到异议更多更大的好处。异议可以减小我们思维的偏倚性，让其更加开放和多样化。如果我们拥有无限的资金和知识，为了提高判断和决策的质量，大多数研究者都会努力培训人们以这种方式思考。培训的效果通常很小或者难以长期维系，而异议是实现上述目标的一个强有力的方法。异议不仅是共识的解毒剂，更重要的是，它可以激发我们的思维，促使我们从多个角度看问题，发现新的解决方案，甚至以更具独创性的方式思考。

异议的价值并不取决于持异议者的英雄气概或立场的正确性。我们通常看不到异议的价值，有时甚至直到异议者的立场被证明是正确的，我们才后知后觉地看到它的价值，比如伽利略的日心说。我想说的是，即使异议没有说服我们，即使它是错的，它仍然是有价值的。异议的价值在于它可以激发我们思考。异议可以促使我们反复考虑自己的立场和其他备选方案，因此其效果远比旨在激发思维的培训好。

异议可以增强思考的独立性

我们在第2章中看到，即使持异议者的观点是错的，或者他不是我们的盟友，他提出的不同意见也可以打破令我们认同他们的多数派的影响力。只要有一个人提出质疑，就可以打破共识，因为意见一致是多数派影响力的基础。异议可以打破这种一致性，产生的一个结果就是我们的独立性有所增强。

在那些早期研究中，我们了解到许多人都会认同多数派，即使他们的眼睛告诉他们多数派观点是错的。研究人员试图了解其中的原因，并找出解决这个问题的方法。如何才能让人们抵制住多数派的影响并独立思考呢？显然，这些早期研究已经找到了一个答案。尽管研究人员没有称其为“异议”，但他们发现，对多数派的任何挑战都会打破它让我们盲目追随它的力量。

真理并不像我们期望的那么重要。无论多数派是对是错，我们都会追随它。无论异议是对是错，即使持异议者根本不可信，异议也会打破多数派的控制。想象一下，如果在阿希线段长度实验中持异议的那个人视力非常差，会怎么样？韦恩·艾伦（Vern Allen）和约翰·莱文（John Levine）在威斯康星大学工作期间做过一个有趣的实验，研究的就是这个问题。在设计实验时，他们用线段长度及其他物品作为视觉刺激物，并为实验参与者安排了一位盟友。实验中，这名戴着高度近视眼镜的盟友走进来，问实验者这项任务是否涉及远距离视物，并说起了他的视力问题。他甚至还接受了一次非正式的视力测试，结果很糟糕。可以想见，参与者肯定认为这个人在判断线段长度方面起不到任何作用。他的视力显然太差了。

尽管实验参与者报告说这个人的视力可能很差，但他的社会支持（social support）非常重要。实验中有这样一位持异议者和盟友，参与者的从众程度明显降低了，比没有盟友在场时低了1/3。这些类似研究的重要之处在于，它们表明一致意见是多数派影响力的核心。当这种一致性被打破时，人们就不会因跟随多数派而犯错。由此我们可以看出这名挺身而出的人的巨大作用——即使他是错的，即使他的判断很不可靠。几乎任何形式的异议都能打破共识，并且有利于增强我们的独立性和独立思考能力。我们“知道我们知道什么”，而且更愿意将其表达出来。

接下来，我们讨论异议的第二个可能也是更重要的好处。

异议可以激发发散性思维

本章的主题——异议的第二个好处——是异议可以激发发散性思维。面对异议，我们会变得更开放，更充满好奇心，更有可能考虑多种观点，我们的想法甚至也会更具独创性。在用实验证据证明这一观点之前，我先跟大家分享一段我的个人经历，以便于你们了解这些想法是如何产生的。这段经历可能会让你觉得熟悉，它也可能是本书中最具我的个人色彩的部分。异议的力量是我几十年来一心研究的课题，它已经成为我的一种思考方式，甚至是我深信不疑的价值观的基础。

我决定认真研究异议的潜在价值，既不是因为年轻时经历的某件事，也不是因为某次教工会议或某个新闻故事等具体事情。我没有那么聪明。事实上，这个念头是我在研究陪审团的一致裁决要求的过程中产生的。

与许多人认为的正相反，并非所有的美国陪审团都必须通过审议形成一致裁决，比如，俄勒冈州和路易斯安那州就不要求全体陪审员一致同意裁决结果。几名被告在10–2或11–1的判决中被判有罪后，根据合法程序和法律的平等保护原则提出上诉，理由之一就是，如果他们是在密苏里州接受审判，陪审团就必须做出一致裁决。1972年，美国最高法院驳回了他们的上诉请求，并裁定被告的宪法权利没有受到侵犯，他们的有罪判决成立。

我在弗吉尼亚大学任教期间，研究过这个问题。刚开始，我选择的是当时常见的研究方向。就像本书第一部分中介绍的研究一样，我和我的学生研究的是谁“获胜”，也就是说，如果用一致裁决原则取代多数裁决原则，投票和裁决结果是否会改变。我们与弗吉尼亚大学法学院合作，在实验室里和真实的法庭上开展了这项研究。为了追踪审议过程，我们对每条意见都进行了编码——这条意见是谁提出的，是针对谁提的，本质内容是什么。大约每4秒钟就会有一条意见。我花了数百个小时，与一个最了不起的团队中的4名大学生一起，一遍又一遍地观看这些录像带。

我们发表了这项研究结果，但我的真正洞见源于反复观看这些录像带。如果必须形成一致裁决，持异议者在辩论中似乎表现得更加咄咄逼人，争辩的时间也更长。我清楚地发现，这样的辩论提高了审议和决策过程的质量。参与者考虑了更多的证据，并采用了更多的方法来解释证据。他们并没有急于做出判断，而是考虑了多种备选方案。他们针对同一组事实讨论了各种可能性。药物和酒同时出现，这是自杀的证据吗？或者表明这是服药过量导致的意外死亡？或者意味着这是一起谋杀？我们发现，当持异议者坚守立场时，人们就会考虑诸如此类的问题。这是一种发散性思维。

这一洞见深深吸引了我，从此我开始了这项持续数十年的研究。我的早期工作是测试因果关系。异议会激发发散性思维吗？或者它们同时发生是出于其他原因？思考的本质会因为异议而变得不同吗？后来，我把研究重点放到了决策质量与解决方案的创造性上。我们持续不断地发现，异议可以打开思路，激发发散性思维，使我们视野开阔，充满好奇心，也使我们的思考深入又细致。

本章的很多内容与第4章互为“镜像”。前文中出现的很多研究将再次出现，因为它们对比了共识激发的思维方式与异议激发的思维方式，并对比了两者在实际条件和在控制条件下的情况。在第4章中，关于共识的实验研究多次发现，共识会限制我们的思路，窄化我们的关注面，只从共识的视角看问题。在本章中，关于异议的实验研究将发现截然相反的结果。异议会打开我们的思路，扩大我们的考虑范围。

信息搜索——权衡各种立场的利与弊

通常情况下，我们都不愿接受那些与我们的信念相悖的信息，尤其是在我们确信自己是正确的时候。而对于那些与自己信念一致的信息，我们则持欢迎态度。但是，当我们面对与自己立场不一致的共识时，我们却会表现出与平常完全相反的态度。我们不再寻求支持自己立场的信息，而是偏好那些与共识一致的信息。我们不会两者兼顾。我们会放弃自己的想法而选择从共识的角度考虑问题，并主要搜寻能支持共识立场的信息。

在存在异议的情况下，我们搜索信息时不会局限于任何一种立场，无论是我们自己的立场，还是持异议者的立场。相反，我们会扩大搜索范围，关注问题两个方面的信息，权衡各种立场（包括我们自己的立场）的利弊。

在第4章介绍的一个研究中，我们针对遭到大学生强烈反对的建议做了一番调查，并将调查结果告知参与研究的大学生。然后，他们得到了阅读支持或反对这些建议的评论的机会。结果显示，他们在选择要阅读的评论时，明显受到持相反立场的学生（即支持这些可怕建议的学生）所占百分比的影响。当绝大多数人都支持这些建议时，参与者想阅读那些能解释并证实多数派立场的信息。当只有少数学生支持这些建议时，也就是说，当存在少数派立场时，参与者搜索的信息会大不相同。

当参与者得知只有少数人支持这些可怕的建议时，他们通常想要了解更多的信息。他们希望阅读更多且篇幅更长的评论，搜索信息的数量也比其他任何实验条件多。尤其重要的是，他们想要了解两种观点背后的原因，没有任何证据表明他们在选择要阅读的信息时心存偏见。在他们选择阅读的评论中，支持和反对意见的数量大致相同。他们不仅对大学生支持这些建议的原因感兴趣，还希望了解他们为什么会反对这些建议。他们既想阅读那些支持自己立场的信息，也希望了解与自己立场相悖的信息。无论这些建议是否会对他们产生某种影响，也就是说，无论这些建议是在他们毕业前还是在几年后付诸实施，调查结果都保持不变。

发散性思维——寻找新的解决方案

其他一些研究也得出了异议可以在信息搜寻过程中激发发散性思维的结论。其中一项研究与回忆信息有关。在面对异议时，人们可以更好地记忆信息的具体内容。实验步骤如下：

参与者被分成四人小组，收听一段包含14个单词的录音，然后说出他们注意到的第一个单词类别。在这14个单词中，水果类的有4个，鸟类、家具类、工具类、服装类和交通工具类的各有两个。独自完成这些任务时，参与者首先会注意到的类别是水果，因为在这14个单词中，水果类单词最多，而且第一个与最后一个单词都属于这个类别。实验参与者一共要听三段这样的录音，每段录音均包含14个单词。

在一组实验条件下，参与者得知他们所在小组中有一个人首先注意到的是另一个类别——鸟类，而其他三人首先注意到的类别都是水果。这是一个非常简单的操作，可以在他们听完第一段录音后进行，也可以在他们每次听完一段录音后进行。接收到这个反馈信息之后，参与者会再听一段录音，包含前面三段录音中的全部42个单词，但顺序是随机的。听完这段录音后，他们需要把能记住的单词逐一写下来。接下来，他们又会听一段包含30个新单词的录音，仍然分属不同的类别。听完之后，他们也要把能记住的单词写下来。

与没有收到任何反馈信息，并且不了解其他人第一次注意到的单词类别的对照组相比，那些知道有异议存在的人能记住更多的单词，无论是最初的42个单词，还是后来的30个分属完全不同类别的新单词。这些人对信息的关注度更高。

这项研究再一次表明，长时间的坚持是异议具有强大力量的一个重要原因。促使记忆效果大幅提高，是因为在听前三段录音时，每听完一段研究者就告诉参与者有人首先注意到的类别是鸟类，而不是因为只告诉一次。就像第3章讨论的说服力研究一样，异议需要坚持到底才能产生影响。也就是说，要激发好奇心和发散性思维，仅提出你的不同意见是不够的，更有效的做法是坚持不懈，在很长一段时间里反复表达你的不同意见。

第三项研究进一步证明，异议会促使人们广泛关注各种信息。我们在第4章简要介绍过这个寻找隐藏火柴人的实验。通过促使人们更加认真地研究刺激物，异议可以帮助实验参与者发现新的解决方案。在这项研究中，参与者需要在所有对比图画中找出藏有火柴人的那几幅。这其实就是考验眼力的游戏《寻找沃尔多》（*Where's Waldo*）的简化版。你可能还记得，当多数人给出的答案不是明显可见火柴人的那幅图画时，无论对错，参与者都会跟随他们并给出同样的答案。他们甚至根本不考虑其他的可能性，也没有找出其他正确答案。相比之下，当只有少数人注意到其他图形中藏有火柴人时，参与者并没有跟随，但他们最终在其他对比图画中找到了正确答案。他们仔细查看了所有对比图画，而且他们不是纯靠猜测：与对照组及面对多数派的参与者相比，他们找到的正确答案更多。异议有利于人们发现正确的解决方案，即便它们不是持异议者提出的。

打开思路——运用所有可行策略

异议不仅有利于扩大我们搜索或记忆信息的广度，引导我们关注所处情势的多个方面，更重要的是，它还有助于打开我们的思路。异议也通过激励我们使用多种策略或从多种途径寻找解决方案，来帮助我们更好地解决问题。前文说过，当我们以多种方式解决问题时，我们通常会找到更多、更好的解决方案，并且更有可能发现自己的错误。异议激励我们广泛使用多种策略，这对我们是有利的。

为了说明这个问题，请大家回顾一下上一章简要描述的另一项研究，即让参与者看字母串（例如“rTAPe”）的那个实验。参与者需要说出他们注意到的第一个单词，在本例中，就是由大写字母按从左到右的顺序构成的单词“TAP”。在实验者告诉参与者其所在小组的其他3个人看到的第一个单词之后，情况就变得不一样了。要么是多数人（3个人），要么是少数人（1个人），会不断地根据反向排序构词法，用大写字母组合出“PAT”这个单词。

我们在第4章看到，当大多数人都这样做时，参与者基本上也只会使用这一种策略——对大写字母进行反向排序。然而，如果只有一个人——持异议者——坚持使用反向排序构词法，结果就会有所不同。在这种情况下，参与者会打开思路，采用各种可行策略。他们不会一味地跟随持异议者的反向排序构词法，而是通过三策略来构词，包括正向、反向和混合排序法。他们不仅看到了“par”和“ear”，还看到了“rap”和“art”。他们的表现更棒了。通过使用所有可行策略，他们组合出的单词远多于其他任何实验条件下的结果。

两个案例：一部电影和一个真实的故事

本书给予我们的最重要启示是，异议能激发我们的发散性思维——从多个方向搜寻信息和考虑可选方案，采用更多的策略，拥有比独立思考时更加开放的思路。因此，异议有助于提升团队的表现和决策质量。本书第三部分将更加全面地记录我们的这些发现，不过，我们也可以从电影《十二怒汉》中找到充分的例证。

在第3章，通过对这部电影的讨论，我们知道异议如何能取得压倒性的胜利。亨利·方达饰演的唯一一个支持“无罪”裁决的陪审员，成功地说服了其他11位陪审员。电影展示了他是如何通过一些巧妙手段取得成功的，还描述了异议的一个更重要的好处——它可以激发发散性思维，它对提升决策质量也必不可少。

电影一开始，支持“有罪”判决的11位陪审员觉得根本没必要讨论，因为这显然是一起一级谋杀案。我们可能会预期他们迅速做出判断，打压持异议者，使后者屈服，最终做出“有罪”裁决。但是，由于方达饰演的角色提出了异议，我们预期的情况没有发生。

再次说明，这桩案件似乎铁证如山。该案件共有两名目击者，其中一个老人就住在犯罪现场的楼下。他作证说自己听到了打斗声，还听到“这个孩子”（被告）对他的父亲说，“我要杀了你！”然后，这位老人就听到有人倒在地上。他跑到门口，看见被告正在下楼，就报了警。警察到达现场后，发现被告的父亲胸口插着一把刀。李·科布

（Lee J. Cobb）饰演的那名陪审员认为这些都是“事实”，没什么可讨论的。但是，由于方达坚持不懈地提出异议，并反复追问“难道他们就不会犯错吗？”，促使陪审员开始产生发散性思维。

陪审员要来了一份公寓布局图，查看了房间的尺寸，并再次听取了老人的证词。在模拟老人描述的情况之后，他们就老人在听到有人倒地后跑到门口并看到被告下楼所需的时间，达成了一致意见。他们发现，这位年迈的目击者不可能在那么短的时间内到达门口。他们还考虑了从旁边经过的火车发出的巨大噪声，他们由此认定任何人在这种情况下都不可能准确地听到人体倒地的声音。这些发现使他们对这位目击者的证词产生了怀疑。方达提出的异议促使陪审团搜寻更多的信息（公寓布局图），使用更多的策略来评估证词的准确性（场景模拟再现），注意到其他潜在相关的事实（火车的轰鸣声），并考虑了其他可能性，比如目击者可能的动机或误解。

相较于电影世界中，我们很难在现实生活中找到展现异议影响力的纯粹案例，因为现实事件的发生通常有多重原因和结果。不过，爱德华·斯诺登的例子似乎是展示某些原则的作用机制的媒介。斯诺登在泄露美国国家安全局实施监控活动的相关文件时，处于少数派立场。他挑战权威，也挑战了不相信自己的隐私受到政府监控的民众。斯诺登之所以站到了多数人的对立面，并不是因为他泄露了机密（泄密事件只是导火索），而是因为他挑战了多数人的信念——他们认为政府收集个人信息是出于善意。斯诺登的异见有两个诉求，一是揭露政府行为，二是主张隐私权。斯诺登的立场是，监视系统的使用是对公众宪法权利的践踏。在第2章中，我们讨论了他说服别人改变想法的能力。在这里，我们集中讨论他提出的异议是如何激发发散性思维的。

爱德华·斯诺登是名副其实的少数派。2013年5月，当他公布有关美国国家安全局监控系统的机密文件时，几乎所有人都在斥责他。媒体和政府对他恶语相向，政客和自称专家的人也视其为叛徒。他们都谴责斯诺登泄露了机密文件，危及美国的国家安全。

在许多类似的情况下，除了投票、调查结果或监视系统发生的实际变化以外，很难看出异议到底会产生哪些影响。我们可以从棱镜门事件找出一些证据，证明斯诺登改变了人们对美国国家安全局监控系统的看法，尽管这是一个长期过程。更重要的是，棱镜门事件证明了异议确实具有本章描述的更广泛的影响力。斯诺登改变了我们对该事件及其他问题的看法，当时的美国总统奥巴马在2014年1月发表的国情咨文演讲就是一个例子。

奥巴马总统曾积极为监控计划辩护，但他在这次演讲中表明，他转变了立场并对这一事件进行了更广泛的思考。这位监控计划的首席辩护官变成了一个从不同方面认真考虑这个问题的人。在斯诺登泄密后的7个月里，奥巴马咨询了很多人的意见，包括监管委员会、外国合作伙伴、行业领袖，甚至是怀疑论者，从各个方面搜集信息。奥巴马在演讲中巧妙地总结了反对意见。他知道在有效收集情报的同时保护隐私权将面临重重困难，他也知道监控系统对企业风险投资、美国与其他政府的关系，以及美国人民的信任会造成哪些后果。无论敌友，都对奥巴马综合考虑多种利益和观点的能力交口称赞。用本书的术语说，奥巴马总统在考虑各种立场的根本原因时，从一味捍卫监控系统的收敛性思维转变为发散性思维。他认识到这不只是非法泄露机密信息的问题，还要从商业、外交政策和国内信任方面对监视与隐私权问题进行更广泛的思考。

在棱镜门事件后，还有其他关于发散性思维的证据。普通民众开始搜寻新信息，并从隐私权视角考虑许多问题。在此之前，我们可能会从运送包裹、帮助消防队员或房地产经纪人等方面考虑无人机的能力，而现在我们也看到无人机有可能入侵我们的领空，打扰我们的和平与安宁。在此之前，我们可能会点击一个网站的"同意"按钮，而没有考虑到这其实是在允许它们大规模追踪和使用我们的个人数据，而现在我们更加关心个人数据的存储与使用。许多美国人还回顾了从美国开国元勋到丘奇委员会[①]的历史，其中越南战争期间监控系统与情报滥用所造成的危害向我们发出了警示。

棱镜门事件发生后，我去旧金山教会区的一家小电影院观看了纪录片《魔鬼藏在同意书》(*Terms and Conditions May Apply*)，并与咖啡

① 丘奇委员会（Church Committee），是1975年美国民主党参议员弗兰克·丘奇（Frank Church）主持的一个美国参议院委员会，目的是调查情报机关非法搜集情报的问题。它是美国参议院情报特别委员会的前身。——译者注

馆里的人（其中包括谷歌公司的一位创始人）进行了热烈讨论。我们探讨了无人机的利弊、政府部门监控和互联网时代的隐私问题。我可以向你保证，要不是爱德华·斯诺登提出的异议启发了我，我不会做出这些观察和进行这些讨论，当然，我也不会去那家小电影院。我们都在用发散性方式进行思考，我们的思路变得更加开阔也更加细致。

现实生活中的故事都是由多个因素决定的。2013年之后，美国人开始广泛搜索关于隐私权和国家安全的信息，这无疑有很多原因。但是，爱德华·斯诺登的观点和行为很有可能就是原因之一。正如研究表明的那样，异议会刺激人们从问题的两个方面搜索信息，在随后的思考过程中还有可能考虑到其他情况。

在关注点和不同的策略之间灵活转换

有时候，仅有一个开放的头脑还不足以拓宽和深化我们的思考。我们需要整合各种思维方式和可选方案，并灵活地转换我们的关注点。这样做可以让我们离创造力和创造性的解决方案更近，或者至少让我们的思路更加灵活。这似乎是异议的另一个好处：它不仅可以让我们看到不同的路径，还可以让我们根据需要在不同的路径之间切换。

大家可能还记得第4章中描述的斯特鲁普测试吧？这是收敛性（而不是发散性）思维占据优势的为数不多的任务之一，但前提条件是我们关注的是正确的维度。如果你正在实施一个好的创意，并且你选择了一条正确的路径，收敛性思维就会变成一个有利条件，犹如给你戴上了“眼罩”，让你心无旁骛地快速行动。

在运用了斯特鲁普测试的研究中，我们看到多数派会激发收敛性思维，让人们从多数派的视角看问题。当参与者的注意力集中在正确的维度——他们关注的不是颜色名称而是墨水颜色——上时，他们就会在斯特鲁普测试中取得更好的成绩。只要他们把注意力集中在墨水颜色上，就不会因为颜色名称等信息分散注意力。当他们的注意力集中在不正确的维度——他们关注的是颜色名称而不是墨水颜色——上时，斯特鲁普测试的成绩就会比较差。他们的思维同样是收敛性的，但他们关注的是错误的维度——颜色名称——因此他们无法对墨水颜色做出准确的反应。

在一项不同但相关的研究中，我和我以前的一名研究生调查了个体灵活调整关注点的能力。参与者能否视情况将自己的关注点从墨水颜色转移到颜色名称上？我们在该研究中发现，是持异议者激发了这种灵活性。根据目前的理论，你可能会认为，当人们面对异议时，会同时关注墨水颜色和颜色名称，即形成一种发散性思维。但是，斯特鲁普测试之所以难度极大，恰恰是因为我们会同时看到墨水颜色与颜色名称这两个维度，我们很难忽略其中任何一个。你可能不会想到，异议不仅会促使我们同时考虑两个维度，还给了我们根据情况选用其中一个维度的灵活性。

这项新研究的操作程序与较早的那个相似。这一次，我们研究的是少数派的影响力，他们刚开始时关注的不是墨水颜色就是颜色名称。接下来，我具体介绍一下这次研究，以便你对它有形象化的了解。

如果参与者看到的幻灯片上有两个词，例如，其中一个是用蓝色墨水写的“蓝色”，另一个是用绿色墨水写的“黄色”，那么他们往往会说他们注意到的第一种颜色是“蓝色”，因为墨水颜色和颜色名称一致。在这项研究中，一名持异议的参与者坚持选择另一个词。这表明他关注的要么是墨水颜色（如果她说“绿色”），要么是颜色名称（如果她说“黄色”）。这个简单操作确定了持异议者的少数派身份，并表明了她关注的维度。我们希望测试实验参与者根据情况调整关注点的能力，下面是具体的测试过程。

斯特鲁普测试仅要求参与者说出墨水颜色，但这项研究要求参与者将关注点从墨水颜色转移到颜色名称上。在“高灵活性”条件下，他们必须每三个词就调整一次关注点。每说完三次墨水颜色，就要改为说出三个颜色名称，这项任务难度不小。在“低灵活性”条件下，他们也需要从说出墨水颜色调整为说出颜色名称，但每页转换一次即可。也就是说，对于第一页上的词，他们只需要关注墨水颜色；而对于第二页上的词，他们则需要关注颜色名称。在后一种条件下，参与者无须频繁调整关注点。

结果显示，无论少数派关注的是墨水颜色还是颜色名称，都无关紧要。也就是说，他们的立场并不重要，重要的是他们的少数派身份。参与者没有跟随少数派，但他们同时兼顾了两个维度。他们的思维是发散性的，也更加灵活。更重要的是，在完成这项任务时，参与者能够根据情况更好地从说出墨水颜色转换到说出颜色名称。

在斯特鲁普测试中，思维的灵活性在高灵活性条件下更显而易见。当参与者必须在不同维度间来回切换时，异议的价值是最明显的。异议可帮助参与者做到每隔三个词就转换一次，把注意力集中到适当的维度上。他们完成任务的用时比在其他任何条件下都短。这项研究的重要启示是，我们从异议中学到的东西比持异议者采取的具体立场更重要。我们变得更善于考虑多种立场，并能根据情况从一种立场转换至另一种立场。当我们的思路变得更加灵活时，就会形成一种散漫性思维，有益于创造力的发挥。

在复杂的决策过程中，这种灵活性和在不同观点之间转换的能力，可能尤为重要。按次序考虑各种可选方案是一回事，在各方案之间灵活地切换又是另外一回事。医学领域的一项实际应用证明，寻找不同的观点，甚至是异议，对于思考的灵活性至关重要。

真正的好医生具有在不同策略间灵活转换的能力。他们欢迎不同专家提出的不同意见，然后灵活地在这些观点间转换，对一系列症状做出诊断。雅各布 · 约翰逊（Jacob Johnson）是旧金山湾区的最优秀的耳鼻喉科医生之一，拥有丰富的耳鼻喉知识。但在遇到复杂病情时，他会向肺科医生、睡眠科医生，甚至是牙医和其他领域有相关知识的医生寻求意见。然后，他会在这些信息和观点间转换，最终找到治疗方案。

有一次，约翰逊医生诊治的病人表现出包括睡眠呼吸暂停在内的一系列复杂症状。在咨询不同专家的意见时，他采取了灵活转换的策略，先后询问了肺科医生、睡眠科医生和接受过最新技术培训的专家，最后确定睡眠诱导内窥镜检查能让他全面了解病人的情况。这种内窥镜检查是一种非常精细的技术，可以帮助他了解病人入睡时喉咙闭合的状况如何发生及为什么发生。但是，做这项检查的那位专家永久性地搬离了该地区。约翰逊医生没有气馁，他自己拥有做这项检查的必备技能，同样重要的是，他已经习惯灵活地考虑问题，因此他组建了一支技术过硬、经验丰富的团队，并亲自完成了这项检查。通过把从内窥镜检查中收集的信息与从不同专家那里得到的诊疗意见整合在一起，他全面掌握了病人的情况。最终，他决定采用保守疗法，为病人免除了手术的痛苦。

异议、创造性思维和头脑风暴

创造性的定义大多包含解决方案是否具有独创性和适用性等要素。独创性与想法的独特性有关，尽管它有时是由多个想法组合到一起形成的。适用性非常重要，因为并非任何一个疯狂的想法都能被视为具有创造性，只有能解决问题的想法才能称为创意。事实证明，共识和异议都可以直接影响独创性，但二者的作用方向相反。我们在第4章看到，共识会激发常规思维，降低独创性。现在，我们将看到异议可以激发思维的独创性。

这项研究使用了一种由西格蒙德·弗洛伊德普及的古老方法——词语联想法。在研究中，我们把词语联想的独创性看作参与者因接触了与自己观点不同的多数派或少数派的产物，并将他们与没有这种经历的对照组进行了比较。实验步骤很简单，就是让参与者判断一组蓝色幻灯片的颜色。在一种实验条件下，参与者没有得到关于其他人如何判断这些幻灯片颜色的反馈。在第二种条件下，他们被告知大多数人（80%）都认为这些幻灯片是绿色的。在第三种条件下，他们被告知少数人（20%）认为这些幻灯片是绿色的。然后，他们接到了词语联想任务，针对“蓝色”和“绿色”这两个词分别联想7个词语。

我们在上一章发现，当参与者面对的是多数派的错误判断（认为蓝色幻灯片是绿色的）时，他们的独创性就会明显低于没有这种经历的情况。他们会坚持使用十分常见的词语联想法，采取的是常规思维方式。但是，当他们面对的是少数派的错误判断（认为蓝色幻灯片是绿色的）时，他们联想到的词语明显更具独特性。我们来看几个例子。

假设我让你针对“蓝色”这个词展开联想，你会想到什么呢？人们通常会从“天空”这类常规的联想开始，之后的联想则会逐渐变得独特，比如“牛仔裤”“爵士乐”等。如果是针于“绿色”这个词展开联想，他们首先可能会想到“草”之类的词语，之后的联想也会逐渐变得独特，比如“羡慕”“背后”（美元的背面是绿色的）等。

幸运的是，我们可以找到大量词语（包括“蓝色”和“绿色”这两个词）联想的资料，因此参与者联想到的词语的独创性是可计算的。我们可以计算出某个词语联想的统计可能性。例如，当我说“蓝色”这个词时，人们很可能会首先想到“天空”，而首先想到“牛仔裤”的可能性则小得多。在这项研究中，那些知道少数派观点的参与者，即使该观点是错误的，也会产生更加独特的联想。他们的词语联想的独创性超过对照组，当然也超过了那些知道多数派观点的参与者。

独创性只是创造性思维的一个方面，另一个可能也是更重要的一个方面是发散性，即异议激发的思维方式。事实上，常见的创造性测试衡量的是发散性思维。举个例子，假设我请你列出砖块的一些用途，你给了我4个答案：“修路”“盖房子”“建工厂”和“建户外厕所”。

但也许你的答案是："盖房子""做门挡""当投掷物""当茶托"。这些同样是砖头的4个用途。但是，第一组答案中的4个用途都是单一类型思维的产物：可以用砖头建造的东西。第二组答案中的4个用途不仅包括建筑物，还包括将砖头用作投掷物、门挡和茶托。这些用途涉及的类别范围更大，更具发散性，也更具创造性。这其实是一个发散性测试。

异议可以增加思维的独创性和发散性，这一事实促使我们重新思考头脑风暴（一种旨在产生创意的流行技巧）的规则。通常的做法及研究者和咨询顾问的建议是，不要反对或批评别人的创意，也不要与他人争论。

从20世纪50年代亚历克斯·奥斯本（Alex Osborn）开创头脑风暴法直至近几年，该方法都遵循一套规则。人们认为这些规则有利于创意的产生，但总的来说，它们并未经过检验。在头脑风暴法是否有效的问题上，人们争论不休，但很少有人尝试检验这4条规则：（1）创意数量至上；（2）借鉴他人的创意；（3）随心所欲，畅所欲言；（4）不要批评他人的创意。从直觉上说，这些规则大多是合理的，例如，不批评他人的创意。这条规则的理由是，如果自己的创意遭到批评，其提出者就会闭上嘴巴。但是，我们在美国和法国进行的一项研究驳斥了这一规则。

2000年，我们在一项关于这一重要规则的研究中，对批评或争论会减少创意数量的观点提出了质疑。事实上，我们认为，如果允许批评他人的创意，反而有可能产生更多的创意。我们选择了一种困难的研究方式，在美国和法国这两个国家同时进行这项研究。

研究本身非常简单。参与者被分成若干小组，用头脑风暴法集思广益，以解决交通拥堵问题。两个研究地点——旧金山和巴黎都面临这个问题。参与者需要尽可能多地提出这个问题的解决方案。

在两种实验条件下，参与者都需要遵守4条规则，而对照组无须遵循任何规则。两种实验条件只在一个简单的方面有所不同：在一种条件下，参与者被要求不得相互批评（传统规则），而在另一种条件下，他们被告知可以自由辩论，甚至可以相互批评。其他三个规则在两种实验条件下保持不变，而且都是奥斯本最初提出的头脑风暴法规则：随心所欲，畅所欲言；借鉴他人的创意；创意数量至上。

大多数研究人员预测，鼓励争论甚至是批评会导致创意的数量少于其他任何条件。他们也预测，与不设定规则的对照组相比，鼓励争论甚至是批评会导致创意的数量减少。他们还预测，“不要批评他人的创意”这条常用规则产生的创意最多，不但多于控制条件下产生的创意，更多于鼓励争论甚至是批评他人创意的规则条件下产生的创意。但是，我们得出的研究结果却恰恰相反。与控制条件相比，允许争论和批评规则条件下产生的创意大幅增加，而不是减少。当我们建议展开争论和批评时，与告诉参与者“不要批评他人的创意”的情况相比，创意数量呈现增加（而不是减少）的趋势。在美国和法国进行的研究都得出了这样的结果。

关于一些人感兴趣的头脑风暴法，已经有相关的深入研究了。不过，“不要批评他人的创意”这条头脑风暴法的神圣规则现在却受到了质疑。我们的研究成果让许多人感到惊讶，部分原因在于“不要批评他人的创意”这条规则从直觉上看是合理的，而且未经检验。此外，它还与“和谐是群体创造力之源”这个流行观点不谋而合。事实上，研究表明，“不要批评他人的创意”的效果可能比不上允许或鼓励对他人的创意提出批评。现在，大众媒体正在考虑如何利用批评来提高头脑风暴法的价值。

批评不同于异议，但两者都展示了挑战对于创意产生的价值。所以，与其束手束脚，整天想着不要冒犯或批评他人，还不如放开手脚，真正做到集思广益。这样一来，可能就要对他人的创意提出批评意见。但这不是强制人们而是允许人们提出批评意见。我们曾就异议给出了一些建议，关于挑战，我们同样认为，在得到允许的前提下发起非臆造的挑战是最好的，真实的挑战甚至应该受到欢迎。我们将在第7章看到，真实性是异议发挥积极作用的关键。

我们一再发现，异议是有价值的，即使它是错的，即使我们不喜欢持异议者，即使我们不相信他的立场。异议可以打破共识和多数派观点的控制，促使我们更独立地思考。异议还能激发开放性、发散性、灵活性和独创性思维。观点彼此冲突的益处很多，它甚至有助于头脑风暴过程本身。

我认为，异议之所以能开阔思路，部分原因在于它会让我们质疑自己的立场。当我们正在形成而非捍卫或改变立场时，若看到有人以一种不同的方式理解现实、思考问题，我们的思维方式就会发生变化，我们会切实地寻找和考虑更多的选择。这对群体决策而言尤其有益，在下一部分我们将讨论这方面的内容。

第三部分

团体迷思与思考者群体——更明智的决策和更具创新性的解决方案

到目前为止，我们已经看到了一个简单的事实：多数派意见与少数派意见会对人们产生截然不同的影响。当面对多数派时，我们通常会接受他们的观点，搜寻信息的范围、解决问题的方法会因此受限。而异议具有非常强的解放思想的力量。当面对少数派意见时，我们会从多个角度（除了少数派和我们自己的视角以外，还会从其他角度）搜索信息和考虑问题。总的来说，我们可以因此做出更准确的判断，更有可能发现新的解决方案，我们思考问题的方式甚至也会变得更加独特。

在第三部分，我们将探讨共识和异议引发的这些变化，以及它们对群体和组织决策产生的影响。我们在第4章和第5章的实验中通过操控共识和异议，看到了它们对特定思维模式的影响。但是，这与在真实群体中观察这些现象的影响力不可同日而语。

在第6章，我们将看到为什么共识——特别是早早达成的共识——对讨论和决策质量而言是一个问题或阻碍。当多数人刚开始达成一致意见时，它还不构成一个问题。根据已经过充分和可靠研究的现象，群体会自行达成一致意见。这种行为有时是有动机的，但在大多数情况下它是由讨论的特性决定的。谁发表了意见，他发表的是什么意见，这些都不是随机的，也不是等同的，它们都有模式可循。在大多数情况下，这些过程都会促使群体围绕最初的多数派立场形成共识；但某些群体做出的判断和决定较为极端，与我们根据他们最初的个人立场做出的预测有天壤之别。

在第7章，我们将针对这种匆忙达成共识并由此做出糟糕决策的问题，探讨两个可能有效的方法：多样性和魔鬼代言人法。支持者认为，这两个方法可以消除达成共识的压力，使人们的思维更具发散性。但问题是，就像大多数快速修复程序一样，它们并不能产生预期效果，至少不能简单地进行推广和普及。

多样性意味着“两个脑袋”，既有可能是一种助力，也有可能是一种阻碍。一个问题是，大多数人都是依据类别——例如，性别或种族——来理解多样性的，但事实上，只有观点的多样性才能提升讨论和决策的效果。而且，仅有多样性的意见还不够，不同立场之间必须展开争论才有利于制定决策。为了尝试制造“假装的异议”，人们想出了包括魔鬼代言人法在内的许多方法。魔鬼代言人法的目的是让人们考虑其他可能的选择，反思他们所持立场的利弊。但研究表明，事实并非如此。我们将看到，这些方法无法像真实的异议那样产生积极的影响。对发散性思维的刺激来自持异议者发起的挑战，前提是他们真的相信自己所持的不同立场，而且愿意把它表达出来。

第 6 章

群体决策：经常出错，但从未受到质疑

欧文·詹尼斯在耶鲁大学任教期间，曾用“压力”这个词来形容“团体迷思”，也就是说，群体经常会用施压的方式来达成共识。他对一些重大政治危机的描述表明，这种压力正是造成某些糟糕决策的原因。1961年，美国支持的一次注定失败的行动——入侵古巴猪湾，就是一个非常著名的决策失误的例子。长期以来，这个决策一直是学术界研究群体失败的经典案例之一，如果从共识和异议的角度来看，它仍然极具启发意义。猪湾事件是团体迷思和詹尼斯群体不良决策模型的原型。

“通过施压达成共识”基本就是“团体迷思”的含义，这个术语在许多场合得到了广泛使用。有些人用它来指代“群体思维”或“协同思考”。它是我们理解糟糕决策的成因时需要考虑的核心概念，也是雄心勃勃的詹尼斯群体不良决策模型的核心概念。用詹尼斯的话来说，团体迷思是“当追求一致性成为至高无上的目标，……以至于它凌驾在对可选行动方案的理性思考之上……时形成的一种思维模式”。

詹尼斯在《团体迷思的受害者》（*Victims of Groupthink*）一书中，运用他的群体决策模型具体分析了一些糟糕的外交决策的形成过程，从而使团体迷思这个概念得到普及。詹尼斯采用的是归纳法。他通过类似案例研究的方式，深入研究了重大政治决策失误的模式和共性。与测试假设的实验不同，他依据这些失败决策的相似性提出假设。在这个过程中，他建立了一个将核心概念“团体迷思”的前因、症状和后果整合在一起的模型。

形成共识压力的前因包括凝聚力、指导型领导者、高压环境及群体内部认为领导者偏好的方案几乎无法超越的不乐观态度。在这些前因的作用下，团体迷思的各种症状随之出现，例如，外群体成见、无懈可击的错觉、自我审查、一致性错觉及直接向持异议者施压等。也许最重要的是，这些症状造成的后果是对可选方案和目标的调查不全面，不良的信息搜索，选择性偏见，以及没有考虑首选方案的风险等，这些都是糟糕决策的形成原因，也是我们在前几章中提到的“收敛性思维”的具体表现。猪湾事件就是一个很好的例子。

自从菲德尔·卡斯特罗（Fidel Castro）于1959年推翻富尔亨西奥·巴蒂斯塔（Fulgencio Batista）政权并当上古巴领导人以来，美国与古巴的关系一直很糟糕，因此在20世纪60年代初美国意欲推翻卡斯特罗政权。从古巴逃离的那些人表示愿意为此一战，1960年，美国总统德怀特·艾森豪威尔（Dwight Eisenhower）批准了一项对这些流亡者实施集训的计划。随后，这项计划被提交给下一任美国总统约翰·肯尼迪（John Kennedy）。1961年，美国计划利用由中央情报局训练的古巴流亡者入侵古巴，并于1961年4月17日付诸实施。

如果那次入侵的后果没有这么严重，我们完全可以把它看作一部滑稽的喜剧。入侵部队“立即遭到了猛烈的炮火攻击。古巴飞机向侵略者扫射，击沉了两艘护航舰，并摧毁了流亡者军队一半的空中支援”。这些古巴流亡者被重重包围，很快就成了俘虏。之后，美国政府在众目睽睽之下陷入了尴尬境地。古巴和苏联建立了更加紧密的同盟关系，而美国和卡斯特罗领导的古巴关系变得更加紧张。直到50多年后，美国才开始初步尝试让两国关系正常化。

据报道，肯尼迪当时说过这样一句话：“我怎么会如此愚蠢，竟然允许他们继续执行这项计划？”

××

很明显，这个结果并不是他本人或决策团队智力不足造成的。当时的决策团队成员包括国务卿、国防部部长、参谋长联席会议主席、中央情报局局长，以及一些声名显赫、值得信赖的哈佛大学学者。这些人都非常聪慧，但做出愚蠢决策的并不一定都是蠢人。

根据团体迷思模型，共识压力产生的前因之一是，一个具有高度凝聚力且不受外界影响的团队。做出猪湾入侵行动决策的内阁级别决策团队就符合这个条件。他们有很强的凝聚力——团结一致——而且与外界隔绝。产生共识压力的另一个前因是“指导型领导者”，他会从一开始就让你知道他倾向于哪个立场。在猪湾事件的决策过程中，肯尼迪总统赞成入侵计划，而且所有人都知道这一点。事实上，后期的研究表明，凝聚力虽然是团体迷思的一个前因，但它产生的结果具有不一致性。但是，有充分的证据表明指导型领导者是一个重要的前因。如果领导者在一开始就表明自己的偏好，就会助长一系列的团体迷思症状。

在团体迷思模式中，群体糟糕决策的常见症状——我们必须小心提防——是集体合理化和狂妄自大。团队成员们有一种无懈可击的错觉，对自己固有的道德观念深信不疑，对外群体或敌人抱有成见。加里森·凯勒（Garrison Keillor）在描述虚构的乌比冈湖时说，那里的“女人身体强壮，男人相貌堂堂，孩子们个个出类拔萃”。去掉这句话中的讽刺意味，就可以用来形容团体迷思的这些症状。肯尼迪团队认为他们比对手更强大、更聪明，同时严重高估了古巴人推翻卡斯特罗政权的意愿，而严重低估了古巴的军事实力。猪湾行动计划的决策过程表现出如下特征：信息搜索带有偏见，对入侵计划的替代方案考虑不足，以及没有评估入侵风险等。事实上，肯尼迪总统及其顾问深信他们可以轻松取胜，他们甚至没有制订合理的应急计划。考虑到沼泽地的状况，需要穿越数千米沼泽地的逃生计划几乎是不合理的。

从本书的视角来看，团体迷思的其他症状更值得我们重视。它们可以用一句话来概括，就是让持异议者闭嘴。一种做法是直接向持异议者施压，另一种做法是自我审查；两者都是由自命的“思想警卫”实施。

> 罗伯特·肯尼迪就是这样一名“思想警卫”。如果某些人看似心存疑虑，他就会对他们施压。例如，他知道亚瑟·施莱辛格（Arthur Schlesinger）反对入侵计划，于是他在一个大型生日聚会上把施莱辛格拉到一边，问他为什么不赞成这个计划。听完施莱辛格的解释后，肯尼迪说：“你可能是对的，也可能是错的，但总统已经下定决心了。不要再反对了。现在，已经到了每个人都应该尽其所能地帮助他的时候了。”施莱辛格后来为他的自我审查行为懊悔不已：“在内阁会议室的那些关键讨论中，我始终保持沉默，对此我深感自责。”

许多人认为，入侵猪湾的糟糕决策应归咎于“以牺牲批判性思维为代价来鼓舞士气的群体规范的形成”。这个变化显然有利于在总统顾问间达成共识，但它不是导致糟糕决策的全部原因。同样，“共识压力”也不足以概括全部原因。

詹尼斯的模型是描述性的，从中可以看出他认为团体迷思有哪些前因，群体讨论期间会表现出哪些症状，以及群体的糟糕决策有哪些构成要素。但是，他的模型还有意进行预测。他推测，糟糕决策的构成要素是由这些前因和症状“导致”的。问题是，关于这个模型的研究还很少，仅有的一点儿研究针对模型整体得出的结果也各不相同。不过，正如前文所述，这些研究似乎确实支持这样一种观点：指导型领导者，即从一开始就明确表示其偏好的领导者，通常会启动大量决策过程，最终形成糟糕的决策。

尽管因果关系没有得到充分证明，但詹尼斯指出了做出糟糕决策的群体共有的一个核心问题：它们看重的是士气，而不是批判性思维。这一点从群体成员认同的规范中可以看出。他们通过支持群体来表明他们的忠诚，无论是否有所保留。换句话说，核心问题在于助长共识和压制异议的群体规范。

在读完本书第二部分后，你对这样一个观点应该不会感到陌生：达成共识的压力，尤其是对异议的压制，恰恰是导致收敛性思维的原因。由于仅从单一角度看问题，而不是考虑多种观点，因此信息搜索的范围与可选方案的数量都受到了限制。这在对猪湾行动计划团队等群体的描述中表现得很明显。他们的糟糕决策涉及的问题包括：信息搜索存在偏见，对备选方案考虑不足，没有评估首选方案的风险，以及没有制订合理的应急计划。这些都是我们讨论过的收敛性思维的部分表现。

群体促进共识和阻止异议的所有方式都会带来问题。我们的达成共识、对异议施加压力和进行自我审查的欲望，并不只是源于凝聚力或者指导型领导者，也不是源于我们对共识的简单偏好或者某些个人动机。它在很大程度上源于那些普遍存在于日常生活和戏剧性的外交政策决策中的正常群体过程。这些常见过程造成了群体关注面狭窄、过早达成共识和夸大立场等问题。通常情况下，群体会倾向于最初的偏好，并充满自信地迅速做出判断。更常见的是，这种现象会与收敛性思维同时出现。我们很快就会看到，这种收敛性思维在群体环境中往往会进一步加剧。

达成共识的欲望、群体极化与隐藏信息

总的来说，群体过程似乎共同导致我们所寻求的观点多样性遭到压制。当我们与他人交流某个问题时，我们倾向于形成一个共同的观点。无论一开始我们有多少不同看法，都会随着交流的持续而逐渐减少。这不只是因为我们想要服从或认同多数派的意见，而是因为群体互动本身就有特定的模式，它们似乎共同导致群体考虑的信息范围受限。正是我们寻求达成共识的欲望，加上某些常见的群体过程，导致了糟糕的决策。一个群体既不需要指导型领导者，也不需要凝聚力和高压环境，在其自身特性的作用下，就会朝着达成共识的方向前进。

群体中有很多方法让我们彼此趋同，让我们的意见更加一致，也让我们更容易做出错误的决策。所有群体的共同点是，要么一开始就持有相对一致的观点，要么想方设法创造出一致的观点。随后，这种共识就会使群体成员更加相信这一立场是正确的。这种同质性主要是通过极化及信息的交流和汇集实现的。

极化

极化是社会心理学领域影响力最大和研究最广泛的现象之一。关于这个现象，一个基本的发现是：当有共同倾向的人在一起讨论时，他们的观点就会沿着他们倾向的方向走向极端。这个方向或“极”，可能是“有罪”或“无罪”裁定，可能是支持或反对某个兼并案，可能是喜欢或者不喜欢美国人，还可能是对入侵猪湾的倾向性。

数以百计的研究都证明了一个事实：如果一群人基本上认同某个决策方向，在讨论之后他们就会变得更加极端，也更加自信。有偏

见的群体将变得更加偏激，有一定冒险倾向的群体将愿意冒更大的风险，倾向于谨慎的群体将变得更加谨慎。

当与基本认同我们观点的人讨论问题时，极化是一个易于预见的结果，也是一个证据充分的结果。既然我们寻求的是与我们意见一致的人，极化现象就会频繁发生。我们可能在程度或具体细节上与他们有分歧，但共同的方向让我们走向极端。

最初，这个结论是人们从冒险研究中得出的。群体与其个体成员相比，冒险倾向往往更明显，这个现象被称作“冒险转移”（risky shift）。起初，研究人员认为这种现象仅限于冒险，但他们逐渐意识到这是一个非常普遍的现象，频繁发生于各种各样的情境。研究人员如何理解“冒险转移”，其相关历史很有意思，这部分是因为它告诉我们反向测试一系列研究结果具有重要的意义。以冒险转移研究为例，研究人员需要考虑群体朝着谨慎而不是冒险方向转变的可能性。

在一段时间内，研究人员假设群体的冒险性通常高于个体的平均值。后来，直到他们注意到某些群体并没有变得更倾向于冒险，而实际上变得更加谨慎，研究才取得了突破。一些研究人员并不认为这是一种反常现象，并仔细检查了已有数据。然后，他们设计了新研究，并发现了一个更普遍的现象。通过检查数据，研究人员发现了一种模式。对于人们偏向于冒险的项目，在小组讨论之后，他们的冒险性增强了。而对于他们起初倾向于谨慎的项目，小组讨论则让他们变得更谨慎。无论是哪种情况，小组讨论都让他们的立场变得更极端，而且是在他们偏好的方向上变得更极端。

为便于大家理解研究人员发现的冒险转移方式，我们举一个具体的例子。在一项研究中，参与者需要帮助一名应届大学毕业生做出是否跳槽的决定：他现在的工作单调乏味，而新工作令人兴奋、薪酬更高，但新公司有破产的可能性。参与者在这个问题上倾向于冒险，在小组讨论后他们更倾向于冒险。作为对比，该研究测试的另一个问题是：一名男子在机场突发胃疼，他需要决定是放弃度假计划去看医生，还是冒着病情加重的危险乘坐包机，踏上旅程呢？在这个问题上，参与者倾向于谨慎，他们在小组讨论后变得更加谨慎。在许多诸如此类的研究中，一个小组可能只有三个人，讨论可能只持续几分钟，但仍然会发生极端的转变。后面我们将会发现，这个现象不仅限于冒险问题。

这种更普遍的现象是在20世纪60年代，法国开展的一些研究中发现的。参与者都是法国中学生，他们有着共同的倾向：支持戴高乐，反对美国。我之所以记得这件事，是因为在该研究发表的那一年，我与该研究的两位作者在巴黎共事，当时美国人在法国不太受欢迎。该研究发现，讨论导致这种倾向在两个方面都变得更极端。经过讨论，这些志同道合的中学生变得更支持戴高乐，也更不喜欢美国人了。于是，该研究用“群体极化”这个术语来描述这个更普遍的现象。

其他研究也证实了观点相似的群体存在变得更极端的趋势，并将这种分析延伸到其他领域。例如，在讨论之后，有种族主义倾向的群体，他们的这种倾向会变得更明显；而无种族主义倾向的群体，它们的这种倾向也会变得更明显。

这些研究得出的深刻认识，也为我们更好地理解库尔特·勒温

（Kurt Lewin）研究的重要性提供了帮助，勒温的研究是第二次世界大战期间战争努力的一部分。

XX

战争期间，由于缺乏牛肉、羊肉、猪肉等蛋白质来源，民众被迫改变饮食习惯。市民被鼓励食用动物内脏器官，艾奥瓦大学的社会心理学家库尔特·勒温应征入伍，帮助人们做出这一改变。

为了让美国家庭至少尝试食用这些富含蛋白质的食物，勒温绞尽脑汁。他尝试了各种不同的演讲方法：传授关于动物内脏器官的知识，向他们提供食谱，鼓励他们为战争努力做出改变，等等。勒温还尝试了另一种方法：让人们进行小组讨论，并决定他们是否尝试食用动物内脏器官。在所有情况下，几乎每个人都有尝试的倾向，但只在进行小组讨论的情况下，他们才真正付诸行动。在诱导行为改变方面，讨论法轻松击败了演讲法。参加过小组讨论的人中尝试食用动物内脏器官的比例是各种演讲听众中的比例的5倍。

XX

妈妈们，甚至是那些挑食儿童的妈妈们，在参加小组讨论后，不仅更支持烹制这些新食物，而且真的这样做了。由此可见，演讲有可能让你更倾向于做某件事，但成员有相同倾向性的小组讨论可以让他们的观点变得更极端，并采取相应行动。对那些已经有某种倾向性的人来说，与那些有类似倾向性的人讨论会使他们的态度变得更极端，承诺坚守这一立场，并从行动上做出相应的改变。在勒温的研究中，讨论小组的参与者真的响应了号召，把动物内脏器官做成了食物，并让家人食用。

有两种流行理论试图解释极化的成因。一种被称为“说服性争辩”理论，简言之，就是在小组讨论中陈述的论据是支持大多数人的倾向性的。如果我们都或多或少地支持在特定情况下冒险，团队成员在发表意见时就会为支持冒险而辩论。这些论据中有一部分我们已经考虑过，但还有一些新论据，它们将进一步说服我们坚守立场。最终，我们会变得更加深信不疑，更加极端也更加自信。

另一种理论被称为“社会比较”理论。该理论的前提条件是，我们希望得到团队成员的好评，所以我们要了解他们看重什么。我们会拿自己和他人做比较。平均而言，我们会发现自己就是一个普通人。因此，我们会朝着期望的方向做出改变，希望自己能变得比别人好一点儿。例如，如果我们都倾向于冒险，那么我们每个人都希望自己比其他人更敢于冒险。这不由得让人联想到一群人你争我赶的画面。

两种理论间的争论催生了大量研究，元分析也普遍证实了这两种理论各有优点。重要的信息是，志同道合者的讨论引导他们的观点沿着共同偏好的方向朝极端发展，这是一种频繁出现的现象，具有很强的影响力。

信息交流与汇集

对于猪湾计划的决策失误，极化可能在其中起到了一定的作用。

倾向于入侵计划的团队个体变得更加相信自己的观点，而且更加极端，最终他们决定付诸行动。极化发生的另一个可能的原因是，他们在讨论这个问题和做出决策的过程中分享（或没有分享）的信息。

个体会分享群体成员共有的信息，这个现象得到了充分的研究。但是，个体不太可能分享他们独有的信息。例如，如果只有一个人或少数人拥有某些信息，这种信息就不太可能被发表出来，也就不太可能成为决策过程的一部分。

我们认为，群体的好处之一是，与任何个体相比，他们都拥有更多的资源和更多类别的信息、经验和知识。但如果这些有价值的信息并没有得到共享，或没有发表出来，会怎么样？加洛德·斯塔塞尔（Garold Stasser）和威廉·提图斯（William Titus）进行的一项早期研究表明，群体无法有效地汇集信息。因此，群体拥有的通常都是信息的偏倚样本。发表的信息——在讨论过程中被摆到桌面上的信息——都是团队成员在讨论之前就拥有的信息，以及支持他们当前立场的信息。

在斯塔塞尔和提图斯的这项研究中，一个三人小组要为学生会选择最佳的主席候选人。有7条信息对候选人A有利，有4条信息对候选人B有利，所以一旦这个小组共享把这些信息汇集到一起，它就会选择候选人A。但是，这个小组可能做出的最终选择取决于这些信息在个体之间是如何分布的。

在一种实验条件下，每个小组成员都掌握着有利于候选人B的4条信息，但7条有利于候选人A的信息分布得并不均匀——每个小组成员都掌握了其中1条，而另外6条则两两一组，分别被三个小组成员掌握。也就是说，每个成员都掌握了3条有利于候选人A的信息，但具体内容不尽相同。不过，汇集在一起的话，整个小组就会掌握所有7条有利于候选人A的信息。因此，如果他们共享这些信息，就会选择候选人A。但是，他们没有这样做，以致最后做出了错误的决策。经过分析，他们之所以做出这个糟糕的决策，原因在于他们共享的是他们共有的信息，主要就是有利于候选人B的那4条信息。

小组成员间只共享他们共有的信息，可能有几个原因。他们可能是为了维护他们最初的偏好。因为每个人都掌握着4条有利于候选人B的信息，而有利于候选人A的信息只有3条，所以他们一般都会选择支持候选人B。这甚至可能是一种统计假象。但是，摆在桌面上的信息显然支持他们共同的选择。他们发表了每个人都了解的信息，然后根据这些信息展开讨论。和其他地方一样，他们往往也不会讨论那些独有的信息。一项研究显示，支持共有信息的比例高达3∶1。

一项关于三人医疗团队（包括一名住院医师、一名实习医生和一名医学院三年级学生）的研究也发现了同样的模式。三名成员根据急诊室的问诊信息讨论病人的病情。在这项研究中，研究人员对病人的问诊信息做了一些处理，所以有的症状是三名成员都能看到的，而有的症状只有一名成员可以看到。同样，如果他们把信息汇集起来，就能做出最佳决策。

针对他们讨论并形成诊断结果的过程进行的分析表明，他们讨论的主要是三个人都知道的症状。事实上，他们讨论的第一个症状几乎总是三个人都知道的那个症状——该症状是群体成员的共有信息。他们讨论的第二个症状有70%的可能性是群体成员的共有信息。从中可以看出，独有信息——三个人中只有一个人可以看到的症状——不太可能被讨论。后续研究表明，独有信息在讨论过程中被反复提及的可能性也很小。

你可以看出这个发现对于医疗领域，尤其是在医生高度专业化的时代，会产生什么影响。医生群体既拥有一些共有知识，其个体也拥有一些独有知识。只有特别的医生——我们可以称为“特立独行”的医生，才会和其他医生讨论他的独有信息。

我们可以通过一个现实生活的情境，看到共有知识如何缩小考虑范围，而独有知识如何改变问题的定义并找到解决方案。一名患有持续性肺炎的病人被送到呼吸科医生那里，医生为她做了CT扫描（电子计算机断层扫描），开了抗生素，并告诉她这种病治疗起来通常需要花些时间。在随后的4个月里，这名病人又接受了几次扫描检查，服用了几个疗程的抗生素，但肺炎病情并未缓解。于是，呼吸科医生针对这个问题进行了讨论。根据他们的共有知识，这个病人的肺炎治疗方案没有问题。其中有一位医生大胆地表示他并不担心，因为病人的病情“正在朝着好的方向发展”。当有人问他为什么治疗了4个月病人仍然没有痊愈时，他又说了一遍：“我一点儿也不担心。”言下之意是，不要质疑我的判断。

幸运的是，这位病人的主治医生掌握了一条独特信息，即她有胃酸反流病史，还有一个大的食管裂孔疝。顺便说一下，那些呼吸科医生也了解这条信息。也许更重要的是，这位主治医生认真考虑了这个问题：为什么治疗了4个月肺炎病情仍在持续？他把他掌握的独有信息告诉了多位专科医生。结合共有信息和独有信息，这位主治医生断定病人的肺炎是由胃酸进入肺部引起的。这个诊断引导他做出了一个截然不同的决策——通过做手术解决这个问题。

群体讨论的主要信息往往是他们的共有信息，这种倾向是群体很容易达成共识的原因之一，也是肯尼迪总统及其顾问做出入侵古巴猪湾这个灾难性决策的原因之一。据说，该小组没有共享那些可能让人怀疑该行动能否取得成功的信息，也没有共享那些支持备选方案的信息。

这个发现可能对异议产生的影响显而易见。根据定义，异议是少数派意见，支持异议的信息都是比较独特的。所以，这些信息不太可能被发表出来，不太可能被人们重复提及，也不太可能进入可决定最终结果的信息池。我们不应忘记，在猪湾入侵计划的决策过程中，施莱辛格没有与其他人分享他的独有信息或观点，也没有说出他心中的诸多怀疑。后来，他因为这些行为自责不已。

从好的决策这个角度看，共享共有信息这种趋势会增加群体遗漏重要信息的可能性。现在，已经有许多研究——统称为“隐藏信息”（hidden profile）研究——证实了这一现象。如果某条信息是隐藏的，即并不是每个人都知道它，该信息就不太可能被拿出来交流或讨论。针对65项使用了隐藏信息的研究进行的元分析发现，与所有成员皆知道所有信息的群体相比，这类群体找到正确解决方案的可能性仅为前者的1/8。

这项工作给予我们的一个意义非凡的启示是，了解信息的分布情况至关重要。在最好的情况下，一条信息只要被一名小组成员知道，就会变得人所共知，而且小组会根据其掌握的全部信息做出决策。别忘了，群体的一个公认优势是，他们拥有多样化的信息、能力和观点。一旦我们意识到这个优势取决于共有信息被多少人和被谁掌握，我们就会再次看到多数派的风险，尤其是共识的风险。多数派掌握的信息往往会被过分夸大和不断重复，对决策过程产生重大影响。一条独有信息有可能使整个局面和最终决策发生改变。无论是在司法领域、政治领域还是在人才招聘领域，都有可能产生长期影响。

我们已经看到了各种形式的共识影响力。如果有相同倾向性的人在一起讨论，观点就会变得更加极端。如果人们共同掌握某些信息，他们往往会在群体中分享这些信息，从而过度强调这些共有信息的重要性。我们反复看到，在更自然的决策环境中，达成共识的欲望是一个核心问题，猪湾计划的决策过程就是一个典型案例。在当时那种条件下，讨论范围狭窄，并且有利于正在形成的共识。我们认为，异议可以提供独有信息，激发群体考虑备选方案，而猪湾计划小组却没有人提出异议。

从失败中吸取教训：建立真正的异议文化

考虑不周的猪湾入侵计划体现了糟糕决策的所有要素，但在事后，决策者显然从中吸取了经验教训。不仅如此，这些经验教训还有了应用的机会，因为在这次失败后不久爆发了一场危机，即古巴导弹危机。尤其是肯尼迪，从他的表现看，他对极化、信息汇集、团体迷思等现象有了清醒的认识。他知道“指导型领导者”肯定会带来哪些问题，因此他没有参加审议。在群体如何做出好的决策问题方面，他和他的团队为我们树立了榜样。

1962年7月，古巴领导人菲德尔·卡斯特罗和苏联领导人尼基塔·赫鲁晓夫（Nikita Khrushchev）签订了在古巴部署苏联核导弹的协议。美国情报部门收集到导弹部署的相关证据并发出警告，但没有引起任何注意。随后，情报部门提交了导弹部署的照片。于是，肯尼迪总统召集了他的顾问。他们当中的许多人都参与过猪湾入侵计划的决策。顾问没变，对手也没变（仍然是卡斯特罗和古巴），那么，最后的决定也会是入侵吗？他们确实思考过是否入侵的问题。这次决策过程会发生什么变化吗？事实证明，它发生了很多变化。

几名顾问，尤其是参谋长联席会议的成员，赞成入侵。他们建议至少应发动空袭。这一次，他们没有只讨论一个计划，而是采用了一种新的探索各种可选方案的决策方法。例如，有人就提出了一个替代入侵计划的方案——通过海上封锁迫使苏联拆除导弹。

据报道，决策过程的其他变化还包括肯尼迪总统指示他的弟弟波比，他带领顾问团队对两个替代方案进行了彻底讨论。讨论非常坦诚，而且不设主持人。顾问团队被分成两个小组，分别起草一份支持其中一个替代方案的意见书。然后，他们交换意见书，就对方的意见书提出异议，对他们的替代方案提出批评。完成这些工作之后，他们才把意见书提交给肯尼迪总统。

马丁·汉森（Matin Hansen）在《哈佛商业评论》（*Harvard Business Review*）上撰文指出，决策过程的这些变化是他们吸取的教训。肯尼迪要求每名成员都能成为“多疑的通才”。他自己也吸取了教训，不做“指导型领导者”。顾问团队召开的会议，肯尼迪有时不会出席。他也没有参加全部讨论，他还欢迎顾问提出不同意见。决策团队也完全接受了这些原则。他们确实都从猪湾计划的惨败中学到了一些教训。

这一次，他们考虑了更多的选择和风险，并公开发表了支持各种选择的论据。最后，肯尼迪决定采取谨慎的措施。他选择隔离（quarantine）古巴，这是仅次于封锁（blockade）的一种方式。肯尼迪写信给赫鲁晓夫，并将他做出的决定及理由告知美国公众。他明确表示，如果苏联向任何国家发射导弹，都将遭到还击。幸运的是，肯尼迪的信誉很好，所有人都相信他的威胁是会兑现的。

1962年10月24~25日，作为对美国隔离策略的回击，赫鲁晓夫派出了一些舰船。结果，部分舰船被迫返航，另外的则遭到扣留。报道称，肯尼迪已经做好了开战的准备，但他希望通过外交手段再努力斡旋一下。随后，赫鲁晓夫显然展现出真正的政治才能，他在发出的信息中承认这件事有可能导致无法想象的结果，即热核战争。赫鲁晓夫建议双方“放松下来，不要再剑拔弩张了”，并补充说，“让我们采取措施解决这个问题。我们已经准备好了”。

所有人都认为，古巴导弹危机期间的决策过程非常成功。战争近在咫尺，一触即发，但最终还是避免了。应该说肯尼迪和赫鲁晓夫厥功至伟，但这次的决策过程也确实与猪湾计划的决策过程大不相同。肯尼迪知道指导型领导者会造成哪些风险，他还建立了多种机制，鼓励顾问提出不同意见，权衡利弊，以严肃认真的态度进行开放式辩论。

这些机制包括将决策团队分成小组，鼓励他们分享独有信息，这可能减少了“隐藏信息”。此外，还有鼓励提出不同观点的机制，避免小组立场极端化。无论小组成员支持还是反对某个立场，都会受到鼓励。总之，肯尼迪鼓励的是一种真正的异议文化。他的“坚韧和克制，他的意志、勇气和智慧”得到了人们的称赞。这是肯尼迪最辉煌的时刻，也是他的团队最辉煌的时刻。

我在我的其他著述中说过，如果企业文化欢迎真正的异议，就有助于企业做出好的决策和开展创新。在应对古巴导弹危机时，肯尼迪就鼓励这样的文化，而没有像制订猪湾入侵计划时那样选择控制与共识，这展示了他的睿智。

这些例子展示了重视异议的文化所具有的影响力和价值。这种文化增加了异议得以表达的可能性。否则，让人们提出不同意见的难度就会更大。我们只能推测，如果施莱辛格在猪湾入侵计划的讨论过程中主动说出自己的保留意见，最终的决策有可能会大不相同。而且，研究表明，我们可以假设决策过程肯定会朝着好的方向改变。对于肯尼迪团队在这两个重要的决策过程中迥然不同的表现，我们衷心希望未来的领导者能够从中吸取经验教训。

第7章

如何做出更佳决策：异议、多样性与魔鬼代言人法

从理论上说，群体比个体拥有的资源更多——更多的信息、经验和观点。然而，如果所有资源都不能充分发挥作用，所有信息都不能完整表达出来，所有观点都不能全部摆到桌面上，群体的表现就会不及个体成员的总和。达成共识的过程有利于多数派，也有利于各个群体成员的共有信息和共同信念。因此，群体有可能做出草率的判断。在共识的引导下，个体往往会透过“多数派”的棱镜来看待信息和观点。在认真考虑替代方案与评估预定方案等方面，群体做的工作远远不够。因此，如果群体做出非常糟糕的决策，甚至像我们在前文中看到的那样做出致命的决策，那么我们无须感到惊讶。

许多研究人员和咨询顾问就如何做出“明智的决策”给出了建议，大多数人都强调我们必须“花同等的精力评估风险和收益”，“鼓

励并处理建设性的批评意见”。许多人也都认识到坦率和辩论的价值，他们认为发散性思维对于解决问题，尤其是偏见，具有非常重要的价值。但是，在解释了我们为什么应该咨询他人意见、接受更多或更好的培训及持有诚意之后，许多人（包括研究人员、专业人员和外行）还会进一步告诉我们，做出好的决策的关键其实是多样性，或者说是在不需要真有人持异议的情况下故意安排人唱反调的技巧。

多样性的虚假承诺

人们口中的多样性在大多数情况下是指人口多样性，特别是法律规定的类别，比如种族、性别和性取向等。有时，他们还会把年龄和在某个组织中的服务时间加入其中。许多人认为，多样性可以用于解决人口结构同质化的问题。（说到人口同质化问题，我们经常会想起肯尼迪政府的椭圆形办公室和美国各地的高管会议室里的决策团队，他们都是清一色的中年白人。）他们还认为，同质化会削弱决策的质量，而多样性则可以提高决策的质量。但是，研究表明，好的团队决策远没有这么简单。

相同的事实，不同的结论

1995年，人们见证了世纪审判。赫赫有名的水牛城鹰嘴队前跑卫辛普森被指控谋杀了他的前妻尼科尔·布朗·辛普森和她的朋友罗恩·戈德曼。刑事审判对辛普森做出了“无罪”裁决。一年后，民事审判做出裁决，辛普森因导致他的前妻及前妻朋友的异常死亡而被判“有罪”。

1994年6月13日，尼科尔·布朗·辛普森和罗恩·戈德曼被人以残忍的手段杀害。辛普森有家暴史。三个人——两名死者和辛普森——都相貌出众。在整个审判过程和媒体报道中，种族矛盾一直很大。辛普森是非裔美国人，尼科尔·布朗·辛普森和罗恩·戈德曼则是白人。辛普森被控多次刺中其前妻的颈部，其中一刀刺得很深，以致切断了尼科尔的颈静脉和颈动脉。

这起案件发生在布伦特伍德，属于洛杉矶圣塔莫尼卡区。辛普森及其前妻都住在这个地区，辛普森的住所是一幢宽敞的豪宅，而他前妻的住所则比较简陋。布伦特伍德是一个高档住宅区，居民大多是白人。但审判定在洛杉矶市中心进行，那里的居民大多是黑人，也不那么富裕。这样的决定通常会改变陪审团的人员组成。1995年10月3日，在长达9个月、涉及4.5万页证据的作证程序完成后，陪审团在不到4个小时的时间里就结束了审议，并对辛普森做出“无罪”判决。观察人士有的欢欣鼓舞，有的失望沮丧。许多人认为——直到今天仍然认为——辛普森被判无罪释放主要是因为审判是在洛杉矶市中心而不是在圣塔莫尼卡区进行的。他们认为种族偏见是导致这个判决结果的核心因素。

大多数人认为，种族因素在判决中起了重要作用，并不是说陪审团带有赤裸裸的偏见，而是说他们会从种族的视角解释证据。一年半的时间之后，面对同样的证据，异常死亡民事案件陪审团通过不同的司法程序，对辛普森做出了完全不同的判决。

民事审判是在案件发生地圣塔莫尼卡进行的。1997年4月4日，经过3个月的审判和17个小时的审议，法官宣布了结果，判决辛普森有罪。陪审团裁定戈德曼一家获得850万美元的赔偿金，布朗和戈德曼两家共计获得2 500万美元的惩罚性赔偿。辛普森发誓，这些赔偿金他一分钱也不会支付。他搬到了佛罗里达州，他每月从养老基金领取的2万美元收入受到法律保护。通过这种方式，辛普森成功逃避了赔偿。

这两起审判存在若干不同之处，例如，刑事审判和民事审判要求的举证责任不同。但是，大多数分析都把注意力集中在审判地的重要性上。一个审判地有利于非裔美国人陪审员，另一个审判地则有利于白人陪审员。刑事审判的12名陪审员中有9个黑人、1个拉美裔美国人、1个白人，还有1个是半印第安人半白人血统。而民事审判陪审团是由9个白人、1个亚裔美国人、1个拉美裔美国人，还有1个黑人和亚洲人的后裔组成。主要由黑人组成的陪审团在第一次审判中宣布辛普森无罪，而主要由白人组成的陪审团在第二次审判中宣布辛普森有罪。大多数人认为这两次判决的结果之所以不同，种族因素是一个重要原因，白人和黑人都偏向自己的种族。

哪个陪审团的裁决是正确呢？或许它们的决策过程都不尽如人意。

我们有充分的理由认为，人们喜欢那些与自己相似和属于同一类别的人。事实上，仅仅因为被贴上了同一个标签，即使这是一个随意的标签，也足以形成研究人员所谓的内群体偏爱（in group favoritism），即对拥有相同身份要素的那些人的偏爱。相较于其他群体的成员，我们更偏向自己群体的成员，即使这个群体只是一个标签。例如，如果我们把一些人带进实验室，然后将他们随机分成“蓝色组”和“绿色组”，尽管这只是人为的分组，我们也会发现他们偏向同组成员。

在辛普森案的审判中，有的陪审员可能是直接根据种族因素投票的，但他们更有可能是基于对相似种族的同情投票的。陪审员可能是从他们的共同经历的角度来解释证据的，包括认为警方有捏造证据的嫌疑。

大多数人认为，两次审判的陪审团中各有一个种族占大多数，直接造成了他们支持或反对辛普森的倾向性。也就是说，两个陪审团都带有偏见。许多人认为多样性可以解决这个问题，如果陪审团的成员更具多样性——种族间更加平衡，他们的审议就会少一些偏见。如果种族偏见受到抑制，决策过程就会更佳。

某个种族占据多数是否会导致决策过程存在偏见还有待讨论，但人们显然认为这就是事实，而且他们对种族偏见的这种认知会导致某些后果。迈阿密市民仍然记得，1980年4名白人警察打死黑人保险推销员亚瑟·麦克达菲（Arthur McDuffie）却被判无罪的那起案件。麦克达菲因为闯红灯而被警察追捕。新闻报道称：“他被12名警察群殴，昏迷后不治身亡。”这件事本来就引发了众怒，以至于在全部由白人组成的陪审团宣布4名警察无罪后，民怨沸腾了。据说，随后三天的暴乱导致18人死亡、350人受伤，并造成了超过1亿美元的损失。

2014年8月9日，密苏里州弗格森市爆发了数天的暴动，原因是年轻黑人迈克尔·布朗（Michael Brown）被白人警察达伦·威尔逊（Darren Wilson）枪杀。最初的报道莫衷一是，但一些目击者称布朗没有携带武器，并向警方举起双手投降。人们不仅为此抗议，还采取了持续数周的骚乱和破坏行为。大陪审团被迅速组建起来，并于2014年11月24日做出了裁决。大陪审团判定该事件“缺乏起诉价值，应予销案”，并决定不起诉达伦·威尔逊。这个裁决引发了进一步的抗议和骚乱活动。

我不准备评判这些决策的对错，也不管它们是否带有种族偏见，我只想告诉大家，对于种族偏见人们存在一种认知，而这种认知会产生重大的影响。当类别和投票结果表现出某种巧合——例如，全部由白人组成的陪审团裁定杀死了一个黑人的白人被告无罪，就像发生在迈阿密的那起案件一样；或者主要由黑人组成的陪审团裁定辛普森无罪，而主要由白人组成的陪审团则裁定辛普森谋杀罪名成立——时，就有可能导致人们产生这种认知偏见。如果我们确保群体或陪审团具有多样性，会有什么不同呢？

多样性可能会改进人们对达成正确决策的认知，但它真的可以改进决策过程吗？它能纠正偏见吗？那些主张多样性的人，常常把它看作一种能提供不同观点的途径，并认为它可以纠正偏见。关于第一点，人口多样性并不能保证观点的多样性。事实上，群体包括男性和女性，是不同种族和民族的混合体，其成员的受教育程度和社会经济水平不同，诸如此类的多样性并不能保证观点或看法的异质性。

为了说明这个问题，我经常在课堂上展示小布什（George W. Bush）和巴拉克·奥巴马的内阁成员照片。两个内阁都具有多样性的人口学特征：有男有女，来自不同的民族和种族，身高、体重各不相同，年龄也表现出一定程度的差异性。说句题外话，我倒是注意到他们的服装风格和颜色区别不大。对男性而言，蓝色西装显得严谨稳重，尽管所搭配领带的颜色略有变化。我几乎可以确定，这两届政府的内阁成员在政治倾向或政策观点上没有太大不同。他们之所以被选中，是因为他们忠于总统，与总统的未来愿景一致。

另一方面，人口统计学分类的同质化并不一定意味着观点的同质化。不是所有白人都会判辛普森有罪，也不是所有非裔美国人都会判他无罪。不是所有非裔美国人都会起诉达伦·威尔逊。不过，大多数人认为，种族与倾向性或偏见有关。认为黑人比白人更有可能怀疑警察伪造证据（比如带血的手套）或更有可能“合理地怀疑”黑人（比如辛普森）的罪名不成立的想法并非空穴来风。许多人认为，多样性有利于两个陪审团在种族与社会经济地位等方面取得平衡，增加辩论，从而改进决策过程。多样性几乎肯定可以改进人们对公平判决的认识，但认为类别的多样性确实可以改进决策质量的观点并没有得到证实。

考虑到类别多样性和观点多样性之间存在这一重要的区别，关于人口多样性与群体绩效或决策质量之间的联系的研究，得出不一致的结果也就不足为奇了。许多具有类别多样性的团队没有形成多样性的观点。有些团队的观点具有多样性，但团队成员又不愿意发表意见。这些研究表明，人口统计学类别的多样化组合可能会改善群体决策，但也有可能效果不大。在某些情况下，多样性可能会产生其他影响，其中一些还被视为负面影响。

研究表明，人口学特征的多样性会降低士气和凝聚力，这是许多组织都在试图避免的情况。它还会降低满意度，甚至增加员工流失率。大量证据表明相似性往往意味着惺惺相惜、高涨的士气和亲密的友谊，而人口学特征的多样性则往往是一种挑战，它会造成“我们—他们”的分割，还会让交流变得更困难，至少会变得更复杂。

大家可能认为，某些类别的多样性比其他类别的多样性更有益。对团队绩效而言，性别多样性是否比年龄多样性更有价值呢？同样，大量研究甚至是调查数据的元分析，绘制出一幅令人失望的图景。它们的结论是，“易于观察属性的多样性及与工作相关的基本属性的多样性，与群体绩效之间都没有可靠的联系。”注意，该结论使用了“可靠”这个词，也就是说，一些研究的确表明某些类别的多样性与群体绩效或好的决策之间存在正相关关系，还有一些研究表明两者之间存在负相关关系或没有相关性。在特定情况下，我们有可能发现强烈的影响，但一般情况下，人口学特征的多样性对于决策质量或团队绩效的价值是大小不一的。因此，如果我们期望人口学特征的多样性对决策质量或团队士气产生持续的有利影响，在某种程度上，我们最终得到的就是一个“虚假承诺”。

我认为，要发挥多样性对决策的益处，关键在于它能否真正地给决策过程带来不同的观点。哥伦比亚大学商学院教授凯瑟琳·威廉姆斯（Katherine Williams）和斯坦福大学商学院教授查尔斯·奥赖利（Charles O’Reilly）各自提出了一个基本问题：“多样性的增加是否真能增加有利于解决问题的观点和信息？”只是类别上有所增加，无法直接产生这样的好处。小布什和巴拉克·奥巴马的内阁都具有多样性，但他们都不是“竞争性团队”（team of rivals）。两位总统都没有招募与他们观点不同的人出任内阁成员。恰恰相反，他们搜寻的都是具有合适的人口学特征的人，基本意识形态相同。

寻求观点的多样性

一些公司积极寻求多样化的经验或观点。我采访过的几位企业高管都坚信多样性，但他们的视野并不仅限于人口学特征的多样性。他们寻求的是背景或观点的多样性，也许更重要的是，他们欢迎人们提出不同观点。下面，我们举几个例子。

查尔斯·施瓦布基金会主席嘉莉·施瓦布-波梅兰茨（Carrie Schwab-Pomerantz）热衷于提升女性和低收入群体的金融素养。她滔滔不绝地向我讲述了团队成员拥有不同背景的重要性，但她同时强调，团队成员也必须拥有不同的技能和想法。“你要找的不是像你的人，而是在某些领域比你更优秀的人。他们能提供新的见解，填补空白。”所以，她喜欢阅读多丽丝·卡恩斯·古德温（Doris Kearns Goodwin）的《仁者无敌》（*Team of Rivals*），就不难理解了。亚伯拉罕·林肯（Abraham Lincoln）从不担心有人篡权，他只想把最优秀的人才，包括他的主要竞争对手，都招揽到他的内阁中。

一些公司特别善于利用多样性，比如极具创造力的IDEO（全球创新设计）公司。IDEO寻求的是技能和知识的多样性，而不是流于表面的人口学特征的多样性。在我们参观其旧金山办事处时，公司合伙人兼首席营销官惠特尼·莫蒂默（Whitney Mortimer）介绍了IDEO的原则和战略。公司的战略是以人为本，以设计为主业。他们不生产产品，而是帮助我们使用产品。要做到这一点，IDEO需要多样性，尤其是技能、知识和背景的多样性。

为充分发掘背景或经历的多样性，有几家公司通过"设身处地"地为消费者着想，采取了各种各样的方法。例如，IDEO公司可能会让一名员工静静地躺在医院的病床上，从病人的角度观察天花板。财捷（Intuit）公司的创始人斯科特·库克（Scott Cook）发现，从用户的视角来评估他的财务软件，是一个非常有价值的方法。财捷公司的高级营销副总裁诺拉·丹泽尔（Nora Denzel）也持有同样的看法。他们告诉我，效仿人们使用一种产品的方法，甚至只是观察他们使用这件产品，可能会让自己深受启发。财捷公司甚至在其总部附近的火车站台上使用过这个方法。站在消费者的立场上，可以看出他们在使用产品或服务时会遇到哪些问题。这个方法还有可能为我们提供新的创意。

英国沃尔夫·奥林斯公司在品牌与定位领域居于全球领先地位，该公司的凯瑟琳·勒隆（Catherine Lelong）告诉我，沃尔夫·奥林斯公司非常重视人才背景的多样性。除了一些有特定技术专长的人之外，团队有意选择了背景各不相同的成员。她给我举了一个例子，旨在说明同质性有可能导致井蛙之见。如果团队成员都是工程师，那么他们可能会把某个型号的新产品命名为C13，因为这是他们第13次尝试取得的成果。但是，其他人都知道这个名字不太可能激发消费者的购买欲望。

她的观点很有说服力。例如，苹果产品有OS X 10.9、OS X 10.10和OS X 10.12等编号，还有Mavericks、Yosemite和El Capitan等名称。谁不想像小牛（Maverick）那样健壮，谁不想攀登约塞米蒂国家公园（Yosemite）的埃尔–开匹坦崖（El Capitan）呢（尽管我们光是爬爬楼梯都觉得费劲儿）？

一些企业高管认识到人才背景和观点的多样性不可或缺，他们同时认为，如果存在不同观点，就需要进行交流沟通。多样性可能有助于产生一系列观点，但要让这些观点发挥作用，就必须将它们表达出来，甚至可能需要鼓励人们就不同观点展开辩论。然而，要做到这一点，领导者对不同观点必须持有真正欢迎的态度。

这可能是富兰克林资源公司总裁兼首席运营官珍妮·约翰逊（Jenny Johnson）等企业高管让公司保持高效运转的一个原因。在我认识的人当中，珍妮可能是思路最开阔和最愿意寻求不同观点的人之一。当她注意到某个团队成员少言寡语时，她会主动征求对方的意见。对珍妮来说，全方位的观察就是通往“真北”的路径。面对质疑，她的反应不是做出辩解，而是继续专注于目标并“把它做好”。这是珍妮的祖父和父亲给她的建议，他们是富兰克林邓普顿基金公司的母公司富兰克林资源公司的创始人和领导者。她告诉我，这条建议的意思是“把客户放在第一位，一切问题都将迎刃而解”。长期以来，珍妮一直热衷于慈善事业。她不仅在经济方面广纳建议，在伦理道德和同情心等方面也喜欢听取不同意见，这条家训也许是原因之一。

这些例子给了我们一个重要启示：这些企业高管不仅充分认识到不同的背景可以带来哪些好处，还认识到将不同观点表达出来的重要性。作为领导者，他们通过语言和行动，寻求并欢迎人们提出不同观点。

总的来说，研究表明，人口学特征的多样性与团队决策及绩效之间并不存在可靠的关系。观点或意见的多样性要想发挥更大的作用，前提条件是将它们表达出来。我们认为，如果不同意见来自少数派，并且挑战了普遍共识，就更有可能发挥积极作用。

证据表明，如果有人对普遍观点或思维方式提出质疑，其他人在行动上就会更独立——“知道自己知道什么”，并敢于说出自己的想法。正如我们在第5章看到的那样，其他人受到激励后就会进行发散性思考从而做出好的决策。

最重要的是，我们可能希望我们的团队是由不同的人组成的，他们的年龄、种族、性别、民族、性取向——可能还有教育背景、身高、体重和性格等——各不相同。这样做的理由很充分，但几乎没有证据表明它肯定能提高绩效或决策质量。真正有益的做法是，持续不断地表达不同的观点，激励人们考虑他们将要做出的决定。各种形式的多样性都有可能提高决策质量，但只有异议才是好的决策的真正发动机。

异议是最好的“解药”

如果没有亨利·方达，《十二怒汉》就会变成“十一怒汉”匆忙做出被告有罪的判决。而且，我们几乎可以肯定，他们只需花几分钟就可以做出这个判决，而不是几个小时。孤立无援的持异议者最终几乎都会投降，只不过坚持的时间有所不同。至于审议的质量，我们可能会看到它差不多就是一个收敛性思维和团体迷思作用的结果。相反，这部电影展示了异议的力量，以及一个坚持到底的持异议者的影响力。在第3章中，我们看到作为持异议者的方达是如何说服其他人接受他的立场的。第5章表明，异议不仅有助于说服他人，还有助于激发发散性思维，发散性思维对好的决策来说必不可少。如果没有异议，陪审团的审议过程就很有可能笼罩上收敛性思维和匆忙判断的阴影。第6章告诉我们，收敛性思维会导致糟糕的决策。

研究人员在更自然的环境中研究了异议对群体决策质量的价值。例如，密歇根州立大学的林恩·范·戴恩（Linn Van Dyne）和卡内基—梅隆大学的理查德·萨维德拉（Richard Saavedra）进行过一项实地研究。他们把参与者分成四人小组或五人小组，成员间彼此保持接触的时间超过10周。有的小组中有一名经过培训、坚持少数派立场的成员，其他小组中则没有受过培训的持异议者。从实验结果来看，有持异议者的小组思维更具发散性。他们“制订了多个备选方案”或“发现了每个替代方案的多个优缺点”。外部专家一致认为他们的报告更具独创性，质量也更好。

一项浩大的自然研究观察了异议对于美国医院的战略决策的价值。研究人员克服了大型实地研究的所有挑战，对三个州的所有医护人员进行了调查。他们发现的证据表明，当成员“公开表达不同意见”时，决策的质量更好。他们认为这些决策更好地履行了财务责任，而且有助于提升医院的整体效率。

凯瑟琳·艾森哈特（Kathleen Eisenhardt）及其同事对高级管理团队进行的一项研究，得出了与上述研究一致的结论。他们断定，决策团队内部“争得面红耳赤”通常是有益的。最优秀的团队通常采用的策略包括：“他们利用更多的而不是更少的信息；他们制订多个备选方案，让争论的内容更丰富；他们在解决问题时不强求团队成员达成共识”。

就连美国最高法院也为异议的价值提供了证据：异议可以增强法院判决的所谓“整合复杂性”。这个概念类似于发散性思维，指看问题时可以做到左右兼顾并做出权衡取舍的能力。一项关于最高法院判决的研究分析了其书面意见的整合复杂性，并发现当存在异议时，它们就会表现出更强的整合复杂性。当法院意见书代表的是一个观点一致的群体时，其整合复杂性就会非常低。当意见书代表的是接触过异议的多数派时，其整合复杂性就会非常高。在后一种情况下，法官会意识到备选方案的存在，更有可能同时考虑这两种方案，至少从他们的书面论述看是这样的。

鉴于在实验和自然环境中都有证据表明，异议可以激发有助于做出正确决策的思维方式，那么我们必须问一个问题：为什么如此多人不接受甚至抵制异议呢？我猜测原因是人们想要避免冲突。他们相信或者有人说服他们相信，良好团队功能的发挥取决于好感度和凝聚力，而这些恰恰是促使人们匆忙做出判断的因素。有人一再建议我们，如果我们希望“赢得友情并影响他人”，就要“愉快合作，友好相处”。异议往往会引发冲突。它让人们感到不舒服，并激起他们对持异议者的愤怒和厌恶情绪。最重要的是，人们并不认为持异议者能激发发散性思维。他们肯定没有意识到异议对其思维的影响力。

在许多人甚至是大多数人看来，异议的价值几乎完全取决于其正确的最大可能性。异议有时确实是正确的，而且正如我们看到的，有时多数派会被少数派说服。耶鲁大学的著名教授杰弗里·索南菲尔德（Jeffrey Sonnenfeld）讲述过一个美敦力（Medtronic）公司的一名持异议者成功地说服公司董事会和前首席执行官比尔·乔治（Bill George）改变主意的故事。这位持异议者说：“不要退出血管成形术业务。不仅如此，还应加强这方面的服务……这项业务的回报非常丰厚。”对许多人来说，异议有可能是正确的，因此他们愿意一听，但不会在这上面花太多时间。

人们尚未意识到的是，即使我们是多数派的一员，即使异议是错的，它也会激发我们的发散性思维。无论异议正确与否，在它的刺激下，我们都会发散性地思考问题。

许多人虽然认识到发散性思维的重要性，但在解决问题时仍然拒绝视异议为发散性思维的载体。他们想找到一种方法，既能复制异议的激励效果，又能避免异议引发的团队成员之间的冲突或厌恶情绪等负面影响。在实现发散性思维的方法中，他们经常使用的是魔鬼代言人法，制造一种“假装的异议”。这个方法应用广泛，但没有经过充分检验，原因之一可能在于，它只是一种一厢情愿的想法。

汤姆·凯利（Tom Kelley）的《决定未来的10种人》（*The Ten Faces of Innovation*）等近年来出版的书籍也试图避免冲突，而且做法更加激进。他们甚至认为魔鬼代言人法过于消极，会“扼杀创意”。因此，他们也开始呼吁和谐与角色扮演是激发创造力和做出良好决策的重要途径。但本书的观点与他们不同，我们认为挑战和辩论——由真实的异议激发的求知若渴的思维方式——才是我们真正需要的。我们有必要探索这些截然不同的观点，尤其要深入研究魔鬼代言人法这种被广泛应用的方法。

比虚假承诺更糟糕的魔鬼代言人法

魔鬼代言人法可追溯至罗马天主教会考量圣徒候选人的做法。可以理解，梵蒂冈的罗马教廷不想犯错误，不想事后发现圣徒候选人的行为并不神圣。因此，在1587年，他们制订了一套探查候选人所有负面信息的方法。上帝代言人可能会支持候选人被封为圣徒，而魔鬼代言人则会表示反对。例如，后者可能会辩称关于这位候选人的所有神迹奇事都是骗人的。

魔鬼代言人法是一种旨在确保追封圣徒时充分考虑反对的理由，

而不只是考虑赞成的理由的方法。从直觉上看，这个方法似乎可以抵消包括教皇在内的大多数决策者对候选人的偏爱。但我们别忘了，魔鬼代言人法不过是追封圣徒过程中使用的一个方法，而整个追封过程可能需要几十年才能完成。

现代人在应用这个方法时，仍然需要满足一个前提条件——挑战共识。欧文·詹尼斯在讨论如何抵制团体迷思时指出，魔鬼代言人法是他喜爱的良方。有人对这个方法抱有更大的希望，认为它可以激发某种形式的发散性思维。前文说过，发散性思维通常随异议产生，并与好的决策直接相关。最起码，人们希望魔鬼代言人法与异议一样，可以激励团队“以同等的精力评估风险和收益”。但是，它并不具备这样的能力。

魔鬼代言人法是研究人员的宠儿，与詹尼斯最初的构想一样，他们也认为魔鬼代言人法是缓解团体迷思症状的良方。在此后的40多年里，经常有人指出这是有助于群体做出正确决策的方法。在一些重要的商学院里，高级管理教育课程经常把魔鬼代言人法作为一种有价值的方法教给学生。人们认为这是一个有效的方法，但它是又一个假设未经检验的例子。

现有的研究通过比较共识未受到挑战的群体，表明魔鬼代言人法确实有效。也就是说，与没有对立立场的群体相比，它有可能带来好处。它的“姐妹”——辩证探询法也能做到这一点。采用辩证探询法时，一个人不仅要指出既有立场的所有负面因素，还要提出一个相反立场。总的来说，这两个方法在有效性上没有明显的区别，都比没人提出质疑好。

魔鬼代言人法能否发挥作用，几乎完全取决于考量某个立场的负面因素（由魔鬼代言人提出）的做法是否有价值。从这个意义上说，它类似于“考虑相反观点”的方法——有证据表明，该方法有望减少判断中的偏见。

虽然魔鬼代言人法似乎有一定的价值，但总体而言还未经检验，也没有与真实的异议产生的影响做比较。研究人员和作者们似乎认为，“善意”的异议——扮演魔鬼代言人，甚至像《决定未来的10种人》描述的那样进行角色扮演——更有可能吸引人们去考虑持异议者的立场。正如我们在第5章指出的，他们似乎没有意识到异议的影响力可以激发人们去考虑某个立场的利与弊。但是，这些方法和真实的异议之间的区别，远不止这些。

1998年，我们开展了第一项相关研究，对魔鬼代言人法与真实的异议进行了比较。从事这项研究的动因是，我相信我们不会因为善意或智谋而认真地重新审视自己的立场。多年来，我一直对魔鬼代言人法持怀疑态度。在我看来，这似乎是一种人为的计谋。任何人都会玩智力游戏，但这与认真考虑我们相信的某个事物到底有何利弊是不同的。

多年来，我也对真实的异议到底有何影响力进行了研究，并发现它可以激励人们扩大信息搜索的范围，考虑更多的备选方案，使用多种策略，并以更独特的方式思考问题。这些研究让人们在尝试寻找真相时质疑他们自己和他们的观点，展现了质疑和勇气的重要性。在我们研究魔鬼代言人法之前，我从不相信通过角色扮演持异议者，就可以产生这些反应。

多年来，我一直对此表示怀疑，每次教授团体迷思及其处理方法时，我常会质疑魔鬼代言人法的有效性。我会告诉学生们我自己是怎么看待这个问题的。所有人都认为这些方法有效，或者至少比没有异议好。但在我看来，它们不过是一些智力练习，与我25年前研究的陪审团在多数裁决原则下进行的"礼貌和学术性"的审议没有多大区别。从中我发现，一旦有足够多的投票，并且裁决结果在意料之中，审议就会变得礼貌和学术起来。持异议的最高法院法官希望的激烈冲突，再也不会发生。角色扮演魔鬼代言人，难道就只是礼貌和学术性审议的另一个版本吗？还是说它真的能复制异议的激励作用，并给我们带来和谐这个额外的好处？多年来，我一直对此表示怀疑，因此在加州大学伯克利分校的三名研究生表示出他们对测试这些命题的兴趣时，我便开始了第一项相关研究。

这项研究非常简单。我们把实验参与者分成4人小组。在第一批小组中，没有人提出异议；在第二批小组中，有人提出真实的异议；在第三批小组中，有魔鬼代言人提出"异议"。为了让辩论过程和所有的交流持续地进行下去，我们让每个小组中的4个人围桌而坐，中间用挡板隔开。他们通过电脑进行交流，虽然知道彼此的存在，但不能通过言语或非言语方式进行直接交流。所有交流都是通过电脑完成的，而且是我们可以控制的。

这些人"审议"了一起人身伤害案件。由于医疗费用和工资损失已经被涵盖在此案中，因此他们准备就"疼痛与痛苦"赔偿金达成一致裁决。他们可以从8个增幅为7.5万美元的赔偿金方案中任选一个。最低的方案是1~7.5万美元，然后是75 001~150 000美元，第8个方案是

"超过52.5万美元"。他们在电脑中输入各自的意见。通过预测试，我们知道他们都会选择低赔偿金方案。事实也的确如此。所有人都选择了第一个或第二个方案，每个人支持的赔偿金额都低于15万美元。

每个人都看到了其他所有人给出的理由，但事实上所有这些理由都是我们事先设定好的。第一轮投票结束后，每个人都发现小组中有另外两个人跟他的观点一致——支持低赔偿金方案。不同之处在于剩下那个人（B）的看法——可能与这三个人的观点一致（没有异议的实验条件），也有可能不一致，并赞同高赔偿金方案（也就是说，B是一名持异议者）。但是，对这种"异议"还要做进一步区分，是"真实"的异议（也就是说，是B本人的真实意见），还是研究者要求B扮演魔鬼代言人发表的"假装的异议"。不过，他们给出的理由都是相同的。

审议结束后，每位参与者都列出了他对此案的看法。我们发现，这个方法对于追踪个体思维非常有用。我们对这些想法进行编码并取值，同时标明它们是"内部的"（来自参与者）还是"外部的"（引自其他人的意见或案件材料）。我们对参与者的思考方向也进行了编码：这种思考是只有利于参与者本人的立场，还是兼顾了问题的正反两个方面？

一般来说，那些接触过真实异议的个体，他们内心的想法最多。这些想法都来自他们自己，而不是来自他人或案件信息。他们在思考，更重要的是他们思考的方向。那些接触过真实异议的参与者在考虑问题时能兼顾正反两个方面，并取得平衡；而接触过魔鬼代言人的参与者则做不到这一点，他们的想法主要是支持自己的立场。魔鬼代言人没有激发参与者兼顾问题正反两个方面的想法，而是让他们产生了更多地为最初立场辩护的想法。这并不是该方法的支持者或期望的思维方式。

魔鬼代言人法的目的在于让人们考虑他们支持立场的正反两个方面的信息，但结果似乎正相反。参与者在接触魔鬼代言人之后，似乎一直在说服自己相信他们的立场是对的。相比之下，真实的异议会让参与者去权衡一个立场的利弊。

当我第一次在加州大学伯克利分校"知识与公司"研讨会上提出这项研究时，哈佛商学院教授多萝西·伦纳德（Dorothy Leonard）坦承，多年来她在教授高级管理教育课程时一直支持魔鬼代言人法。她详细了解了我们的研究成果，并迅速把它们融入她的教学和著述。我们的研究表明，我们有理由对魔鬼代言人法及其意想不到的负面影响保持警惕。值得庆幸的是，现在的商学院高等管理教育课程更加合理，在介绍角色扮演这种形式的挑战时加入了合理的怀疑成分。

我们的第二项研究更进一步，旨在比较真实的异议与魔鬼代言人法的影响力，而不只是它们对思维方式产生的影响。此外，我们还想测试一些与魔鬼代言人法的各种变体有关的问题。例如，是否有必要让其他人了解魔鬼代言人的真实立场？如果魔鬼代言人的真实立场与他扮演魔鬼代言人时支持的那个立场正好相符，会不会有问题呢？我们特别感兴趣的是，如果两者非常相近，也就是说，当参与者知道魔鬼代言人相信他被要求支持的那个立场时，这个方法可以产生和真实的异议相同的影响吗？大多数人认为，如果真的发生这种情况，魔鬼代言人法的影响力就可以媲美异议。遗憾的是，他们错了。

在这项研究中，我们将真实的异议与三个版本的魔鬼代言人法进行了比较。在第一个版本中，魔鬼代言人的真实立场是未知的。在第二个版本中，参与者知道魔鬼代言人的真实立场与研究者要求他支持的立场正好相反。换句话说，他本人支持的立场和大多数人相同，但他扮演的角色却支持相反的立场。在第三个版本中，人们知道他本人的立场与他扮演角色的立场正好一致。也就是说，他真的相信他作为魔鬼代言人支持的那个立场。

最有意思的是上述第三种实验条件（魔鬼代言人支持的立场也是他本人相信的那个立场）和真实的异议这个实验条件（在这种情况下，他支持同样的立场，支持的方式也一样，但研究者没有安排他做魔鬼代言人）得到的结果的比较。在这两种条件下，他支持的都是他从一开始就相信的立场。而且，每个人都知道他的这个立场。支持的理由完全一样，因为都是事先编排好的。唯一的区别在于，研究者有没有安排他做魔鬼代言人。

每个小组中的4个人就一个管理问题进行了8轮商议，每个人都能在电脑屏幕上看到大家的意见。在“真实异议”条件和三种“魔鬼代言人”条件下，持异议者是研究者的助手，任务是根据事先准备好的文本输入意见。所有条件下的意见都是相同的。商议结束之后，研究人员要求参与者针对该管理问题给出尽可能多的解决方案。我们对他们提供的解决方案的数量和质量进行了编码。

结果有一些出人意料的地方。大多数人都预期三种魔鬼代言人条件下的实验结果会有显著不同，并认为魔鬼代言人的真实立场是否为他人所知，以及他是否相信他作为魔鬼代言人所支持的立场，都会对结果产生影响。但事实表明，实验结果根本没有受到任何影响。三个版本的魔鬼代言人法对参与者给出的解决方案的数量和质量，都没有产生显著影响。参与者只在一种实验条件下，即真实异议条件下，提出了更多的解决方案。我们对解决方案的数量与质量进行评估后发现，他们提出的解决方案也更具创新性。真实的异议轻而易举地赢得了胜利，即使魔鬼代言人支持的就是他本人相信的那个立场（其他人也知道这一点），其效果也无法与真实的异议相提并论。记住，在这种情况下，魔鬼代言人本人真的相信这个立场，支持这个立场的理由也相同。这一切看似和真实的异议条件一模一样，但从安排这名参与者扮演魔鬼代言人的那一刻起，就已经将有利于提出创新性解决方案的因素消除殆尽了。

经过一番思考，我们确定了魔鬼代言人法固有的一些问题。角色扮演无法表现出真实的持异议者的勇气和信念。如果一个人正在进行角色扮演，你就无法确切地知道他嘴里说的和他心里想的是否一致。即使一致，你也知道他是在表演，你考虑问题的方式以及你与他交流的方式都有可能因此发生变化。毕竟，你无法说服正在扮演某个角色的人改变立场。

与真实的异议不同，魔鬼代言人无论如何也不能激发出有利于做出好的决策或想出创新性解决方案的思维方式。我们再次看到，真实地表达异议至关重要。无论是角色扮演还是“假装”的异议，似乎都无法再现真实异议的影响力以及它激发发散性思维和创造力的能力。

一些研究人员愿意相信这个结论，还有一些人则试图通过扩大辩论面来改进魔鬼代言人法。例如，在卡斯·桑斯坦（Cass Sunstein）和雷德·海斯蒂（Reid Hastie）提出的解决方案中，就包含一个加强版的魔鬼代言人法，即“红队研判法”（red teaming），它要求团队相互竞争，努力击败对手。角色扮演的许多其他变体也试图复制异议的特性，但它们通常都缺乏真实性，这个缺点几乎是由角色扮演的定义决定的。

只有当你面对的持异议者相信他自己的立场，有勇气发表不同意见，并且坚持不懈时，你才会认真考虑你自己错误的可能性，至少你会开始调查信息和问题的复杂性。就像第一次形成一个观点一样，你会着手搜寻信息并考虑备选方案。你会考虑问题的各个方面，包括有利因素和不利因素。你会考虑多种可能性。你不是在闲聊、交朋友，也不是在做智力练习，而是在思考。虚假的异议不会激发这种思维方式。事实上，本书回顾的早期研究表明，“虚假”的异议激发的思考只会强化人们最初的立场，而不会促使他们考虑该立场的弊端。

如果你是一名社会心理学家，你就会知道我们都心存偏见，并且过分地相信自己的理性和独立性。我们认为自己评估信息的方式公平合理，我们常常认为自己相对公正，我们认为知识加上善意就可以发现真理。如果再进一步，你就会发现自己和其他人一样，在选择信息和考虑备选方案上也存在诸多不足。你会发现自己不完美，经常失败。培训和教育可能有一定的帮助，但这还不够。学习和善意不能保证我们在思考时不带有偏见，也不能保证我们的判断都是正确的。更好的做法是，让一个真实想法与我们不同的人，直接对我们的想法和思考方式发起挑战。

一些公司认真考虑了这种方法，并创建相应的流程，在决策的各个阶段广纳异议。一家新兴的对冲基金公司——芬奇伍德资本就是其中之一。我有机会采访了该公司的创始人安库尔·卢特拉（Ankur Luthra）和高级分析师布兰登·内梅斯（Brendan Nemeth）。他们对公司的决策过程进行认真思考。

许多公司看重的是能想出好主意的聪明人，而卢特拉和内梅斯则认识到程序的重要性，尤其是消除偏见的重要性。他们的程序缜密并且可复制。有工程学背景的卢特拉希望他们的程序是由数据驱动的。

以他们的创意产生程序为例。芬奇伍德资本有一个主题日，当天他们会讨论某个领域（例如互联网安全）的整体情况，并考虑哪些公司有可能成为该领域的赢家和输家。在对该投资领域和特定股票进行调研之后，主要提议者会撰写一份一次性报告，指出哪些项目有投资前景。

在本书看来，这个程序最有意思的地方在于，提议者需要正式阐述他所支持立场的缺点。报告包含一个叫作“预先检验”（Pre Mortem）的部分，提议者会在这个部分概述项目的风险，分析这笔投资可能会给公司带来哪些损失。不过，预先检验只是他们考虑负面影响的第一步，在接下来的环节，提议者还会与读过这份报告的同事一起为这个提议辩护。完成这些环节之后，他们才会决定是否对该投资项目进行更深入的研究。

深入尽职调查阶段涉及两份关键文件：投资备忘录和反对备忘

录。反对备忘录是从反对该投资项目的角度写的，对相关的投资风险进行更深入的考察。例如，如果芬奇伍德资本想要购买XYZ股票（做多），则反对备忘录主张“做空”该股票。这不只是一种简单的智力练习，而是更接近真实异议的一种方法。在这种情况下，提议者也是持异议者。这样做的目的是希望他在撰写这份报告时认真思考，提出有说服力的反对理由。该公司期望提议者在经过半个小时的思考之后不是写出干巴巴的几段话，也还是简单地列出几个要点，说明公司在这项投资中可能会亏损多少钱，而是期望他写出一份八九页的立场鲜明的报告，供其他人阅读并做出回应。争论和辩论都受到极大的鼓励。

反对备忘录和随后的讨论，似乎对芬奇伍德资本的成功起到了至关重要的作用。不过，本书之所以对他们的创新性流程特别感兴趣，也是因为他们证明了异议有助于激发发散性思维。卢特拉和内梅斯跟我说，他们曾考虑投资一家软件公司。我们假设这家公司叫作ABC，它的收入增长很快，销售与营销模型的效率很高。卢特拉和内梅斯都十分支持投资这家公司，但根据他们的流程，他们仍然撰写了一份反对备忘录。尽管他们本身的立场是支持投资这家公司，但在这份报告中他们站在相反的立场上，并陈述了若干理由。其中一条理由是，在过去几年里竞争并不激烈，但在不久的将来会趋于白热化，而且微软公司将凭借其发布的最新产品在这一领域占据主导地位。

卢特拉和内梅斯对于投资ABC的决策非常放心，因为他们已经做了尽职调查。他们下载并试用了竞争产品，包括微软的产品，并确信ABC的产品更胜一筹。这是一个足够好的投资理由。不仅如此，反对备忘录还促使他们考虑到未来和其他可能性。在找到一个指示牌之后，他们决定定期检查竞争态势，对微软发布新产品的动向尤为警惕。他们现在采取的是一种审慎的立场，一旦有风吹草动，就会随时做出改变。

事实证明，微软后来确实升级了它的产品。幸运的是，在反对备忘录的激励之下，芬奇伍德资本一直高度关注微软的动态。他们下载了微软的新产品，经过严格的测试，他们发现该产品有了很大的改进，而其他投资公司几乎都没有注意到这个变化。经过深入讨论，他们认为现在的投资风险大于投资收益。于是，他们卖掉了ABC公司的股票，避免了重大损失。而其他投资公司才发现竞争越来越激烈了。由此可见，芬奇伍德资本的优势之一是，通过撰写和讨论不同意见而激发的思考，为他们指明了投资方向。这个流程与真实的异议并不完全相同，但很接近。

在历史转折时期，即使是罗马天主教会也开始接受异议，而不再依赖魔鬼代言人法。1983年，罗马天主教会简化了追封圣徒的方法，取消了魔鬼代言人的传统立场。一些人担心这样做会大大压缩异议的空间。但教会在为追封下一个圣徒而考察特蕾莎修女（Mother Teresa）时，引入了一个有趣的变化——请特蕾莎修女的最严厉的批评者发表真实的异议。特蕾莎是印度加尔各答仁爱传教修女会的一名罗马天主教修女，她因帮助印度最贫穷的穷人和那些感染艾滋病、麻风病等致命疾病的人而在国际上广受赞誉。

这位最严厉的批评者就是克里斯托弗·希钦斯（Christopher Hitchens），他是一位散文家、作家及宗教、文学和社会评论家。以对抗式风格闻名的希钦斯曾批评过特蕾莎修女，甚至说她是骗子。在收到邀请前往陈述反对特蕾莎修女被追封为圣徒的理由后，希钦斯意气风发地接受了。他提出的一个反对理由是，特蕾莎修女想要说服人们皈依她的罗马天主教信仰，希钦斯认为这种行为不够圣洁。

罗马天主教会放弃魔鬼代言人法，改为邀请真正的持异议者发表真实的异议，这是一个值得称赞的变化。教会认真听取了希钦斯的意见，尽管他们最后认为“他的理由无关紧要”。但是，我猜测希钦斯的批评促进了更严谨的证据审查和催生了更好的决策。

结语 ╳

让我们欢迎异议，欢迎“捣乱者”

本书的基本内容包括两个方面。一方面，共识虽然让人感觉舒适和谐和高效，但往往会导致我们做出糟糕的决策；另一方面，异议虽然常令人感到恼火，但我们恰恰需要受到异议的挑战，才能重新评估自己的观点并做出更好的选择。异议有助于我们考虑备选方案，并形成创新性解决方案。异议可以解放我们的思想。

那么，我们为什么要惩罚持异议者呢？我们大多数人都自认为开明，愿意接受不同的意见。面对挑战我们想法的人，有些人认为自己持的是欢迎态度。但实际上，我们大多数人都不喜欢持相反立场的人，甚至寻找各种理由去证明他们是“错”的。我们习惯于用否定的目光看待他们，认为他们是浪费我们的时间和阻碍我们实现目标的“捣乱者”。我们总想惩罚他们，抓住一切机会嘲笑或排挤他们。

常有人建议我们要“愉快合作，友好相处”。对大多数喜欢“融入其中”而不愿被“排除在外”的人来说，这条建议非常有效。我们乐于被人接受，受到重视。我们知道，如果我们站出来反对大多数人，我们就会成为“圈外人”。因此，我们保持缄默，有时甚至点头表示同意，尽管我们不知道自己为什么点头——因为我们刻意地不问自己到底持有什么样的立场。但这样做是要付出代价的。

本书认同异议的力量，并不是因为异议中可能藏有真理，而是因为它可以影响我们的思维方式。无论是个人还是群体，当面对异议时，仓促做出判断的可能性就会降低。而且，我们更有可能审慎考虑一个立场的利弊。总的来说，异议有助于我们做出更好的决策，想出更具创造性的解决方案。

当然，异议也有其负面影响。异议会增加冲突，有时还会降低士气；讨论和分析不同的选择需要花更长的时间。但是，利大于弊，因此这些负面影响都是可以接受的。只要异议是真实的，它就会促使我们重新审视自己的立场，扩大信息搜索的范围。即使异议是错的，它也会产生这些有益的结果，这就是我对异议一直兴趣不减的原因。甚至可以说，异议能让我们以更加开放的心态去学习、成长和改变。

本书不关注哪些内容

一说到异议和持异议者，许多人的脑海里就会浮现出一个愤怒的人张牙舞爪的形象。在谷歌网站上搜索“持异议者”的图片，会出现一些长发嬉皮士或者早年间的美国队长自行车的照片。你还会看到一脸严肃，咬牙切齿，挥舞拳头的人。他们有的正走向断头台，有的被打得血肉模糊。漫画通常把持异议者刻画成遭到嘲讽的弱势群体，很多画面都是商业背景。举个例子，有一幅漫画表现的是一个老板坐在桌子一头的一把大得离谱儿的椅子上，桌子的两边站着另外三个人。老板说：“我知道你们说的是所有人的心里话……再这样说的话，就卷铺盖走人吧。”另一幅漫画表现的是一个坐在围栏里的人，他的同事说：“只要你同意老板的想法，你的处境就会好得多。”在第三幅漫画中，老板说：“我鼓励不同意见，目的是把那些与我想法不一致的人全部开除。”

大多数图片都把持异议者描绘成游离于社会之外的“局外人”，也说明了这种立场造成的显著恶果。只有少数几幅图片用积极的词汇（诸如爱国甚至是勇敢）来描述持异议者。一幅图片展现了一个人紧抱双臂站在数百个张开双臂的人中间的情景，并配以文字：“在纳粹德国统治时期，一名孤独的持异议者冒着生命危险，拒绝向希特勒行纳粹军礼。”看到这个画面，人们肯定会首先想到：接下来等待这个人的会是什么呢？

本书关注的不是愤怒

尽管这些持异议者的图片给人留下了深刻的印象，但本书研究的不是愤怒的情绪，而是个体或少数派是否愿意发表意见并挑战多数派观点。持异议者可能会激起愤怒，但他们表达的并不是愤怒的情绪，而是一种意见或观点。要想产生效果，他们必须坚守立场、永不放弃，毫无疑问，他们更应该抱持信念，而不是满腔怒火。在《十二怒汉》中，亨利·方达从不大喊大叫，也不会张牙舞爪。在整个过程中，他始终沉着冷静，坚定地捍卫着他的立场。

本书关注的不是背景多样性

我们有很多理由让我们的团队具有人口学特征方面的多样性，但提高决策质量并不是其中之一。多样性的价值取决于这些团队成员能否带来并表达不同的观点。一般来说，招揽那些能带来相关知识和经验，同时善于以不同方式看待问题的人（换句话说，就是有可能提出异议的人），对团队来说是有好处的。但本书的主要内容不是关于多样性有可能带来哪些不同意见，而是要告诉大家，有不同意见就必须表达出来——这与团队的人口学特征无关。如果把不同意见表达出来，团队就会受到激励，认真考虑备选方案，并提出创新性的可选方案。

假设我们决定把自己的不同意见表达出来（尽管我们也能找到很多保持沉默的理由），就要提前做好准备，因为群体过程常常会合力限制我们的影响力。群体讨论的都是全体成员共有的信息，而不是你或我可能提出的独有信息和立场。他们会给出各种论据，支持他们偏向的立场，也就是他们持有的立场。但是，一旦有了异议，他们就不太可能变得更极端或过早地达成共识。

本书关注的不是争论

争论（argue）和辩论（debate）是很难区分的。有趣的是，我发现《韦氏词典》（*Merriam-Webster*）对“argue”这个单词给出了几个定义，正好与我想表达的观点不谋而合。其中一个定义是“给出理由支持或反对某事”，另一个定义是“争论，争吵”。《罗格同义词词典》（*Roget's Thesaurus*）为“argue”给出的同义词包括：“disagree”（有意见分歧）、“feud”（争执或暴力冲突）、“face off”（对抗）和“sock it to”（狠狠打击某人）。看看人们争论时的照片，就会发现他们常常伸着脖子，（同时）张着嘴，还有人用手指着对方。有时，我们也能看到一个人在争论时手捂双耳的图片。这是可以理解的，因为在争论时没有人会听对方说什么。

许多新闻节目中的所谓辩论也大同小异。节目嘉宾往往代表不同的观点，来自不同的政党。他们争先恐后地发言，不停地打断别人的话，不等对方说出自己的观点就下意识地予以驳斥。与其说他们是在讨论不同的观点，不如说他们是在争吵。

这些形形色色的图片告诉我们，语言有词不达意的问题。于是，异议这个词在人们脑海中形成了截然不同的形象。很多人立刻会想到以自我为中心，借说理之名行争吵之实的人。在他们心目中，异议就是争执，就是阻碍。本书为异议赋予了一个不同的形象：一个心怀勇气和信念，在热烈和坦诚的讨论中展现出正能量和活力的形象。

本书关注的不是人为设计的异议

异议的价值来自它对共识或多数派观点的挑战。它能解放我们的思想，让我们独立思考。它能激发全新的思维方式，让我们广泛地搜寻信息和各种可能性。它能激发发散性思维。

许多人都承认发散性思维有利于提升决策质量，许多人也都承认异议的价值在研究中得到了证实，但他们却错误地将得到证实的异议的价值理解成在群体中安排或人为设计反对意见的一个理由。他们以为，只要有争论，即使没有人相信那个相反的观点，也能产生一定的效果。因此，他们寄希望于用角色扮演等方法或者类似于智力游戏的活动，来实现发散性思维。我们已经看到，角色扮演并不能产生像真实异议那样的激励效果。

人们赞同魔鬼代言人法还有另外一个原因。从根本上说，人们不惜一切代价追求群体的凝聚力与和谐氛围。我确信，至少有一位在20世纪深受欢迎的大师告诉我们必须“与人和睦相处”——要影响他人，首先要赢得他们的友谊。事实上，戴尔·卡内基（Dale Carnegie）的那本经久不衰的畅销书的英文书名就叫作How to Win Friends and Influence People[①]。这本书在全世界的销量超过1 500万册，从首次出版到现在的大约80年的时间里一直保持强劲的销售势头。例如，这本书指出：“我能让你去做任何事情的唯一方法，就是把你所需要的给你。”在销售领域，这是一条有益的建议，但别忘了，卡内基从事的本来就是销售工作。他是这方面的高手，可以把肥皂、熏肉或者公开演讲课程卖给人们。他的另一条经验是：要与人为善，不要批评他人。

我认为，卡内基的这本书取得的巨大和持久的成功起到了推波助澜的作用，使人们更加相信，如果没有和谐的氛围、不讨人喜欢，就不会有好事发生。这种自以为是的看法不仅让普通人深信不疑，也扎

① 该英文书名的直译为“如何赢得朋友和影响他人”，简体中文版书名为《人性的弱点》。——编者注

根于传统的研究方法之中。我想，人们之所以希望通过某些方法，在保持凝聚力、好感与和谐氛围的同时，进一步激发发散性思维，这应该是其中一个原因吧。魔鬼代言人法似乎可以满足这种需要，但它其实就是一种人为设计的智力辩论活动。

大多数研究（但不是全部）表明，与没有任何挑战相比，这个方法的确具有一定的价值。但我们的研究表明，魔鬼代言人法不具备像真实异议那样的效果与激励作用。它甚至可能会产生我们不想要的结果，还可能会让我们更坚信最初的立场。

我还有另外一个担心。每当我想到人们自认为考虑了一个立场的所有方面，而实际上，他们的想法几乎都在支持他们的初始立场时，我就会感到不安。我们在关于魔鬼代言人法的研究中就发现了这个问题，也许我的担忧正是缘于多年来我目睹了太多的类似现象。人们自认为已经考虑了一个问题的方方面面，于是他们的道德优越感油然而生。一旦有人对他们支持的立场发起挑战，他们就会变得非常不耐烦。

关于人为设计的异议，我们很容易得出的结论是：这些方法并不像真实的异议那样有效。更复杂的结论是：这些方法可能会带来意想不到的负面结果。与只从单一视角思考问题相比，自认为已经考虑了问题的所有方面的错觉可能更糟糕。

本书关注哪些内容

本书用一半的篇幅揭示了共识的危险性，而另一半的内容更乐观。我想说服你们相信异议的影响力和价值。当我们非常生气，想让那些既没有影响力又为数不多的人闭嘴时，我希望你能意识到我们可以从他们身上学到很多东西。我们尤其要向那些与我们想法不同或我们不想与之交朋友的人学习。我们知道朋友和盟友的想法，他们的想法与我们差不多，从而让我们过度自信。研究表明，我们还会因此变得更极端。如果我们的群体和团队中都只是一些志趣相投的人，我们就不可能做出好的决策。

我希望你记住，异议可以产生两类价值：第一，它可以打破共识的影响力，促使我们更独立地思考，敢于说出自己的真实想法；第二，它可以激发我们的思维，让我们更喜欢追根究底，思维更具发散性，也更有创造力。异议不只是提出另一种立场，它还激励我们以一种更好的，可能也是更聪明的方式去思考问题。

本书关注的是真实性和信念

异议是有影响力的。大多数时候，我们关注的都是挑战多数派的人脆弱的一面。他们的确弱小，但用坚定、勇敢、真实的声音发表异议的行为，也的确具有一定的影响力。这样的声音清晰明确，没有复杂的人为设计成分。

我是在不久前参加非营利组织“崛起”的招待会时得到这个启示的。它是社会学家丹尼斯·邓宁（Denise Dunning）创办的一个组织，旨在改善各地妇女儿童的健康状况、教育水平和公平待遇。在实现这些目标的过程中，她并没有采取创办学校、向群体规模不大的年轻女性听众发表演讲之类的方法，而是让女性成为倡导者和变革的推动者，去改变她们自己的生活和社区。他们已经在立法方面取得了一些重要的胜利。这次招待会的发言人是一位来自马拉维共和国的年轻女性，她对长久存在的文化传统和权力发起的挑战，让我再一次感受到真实的声音是多么优美动听。

><

她名叫麦莫莉·班达（Memory Banda），身材瘦小，只有18岁，但她的演讲是我长久以来听到的最强有力的演讲之一。这种力量不是来自音量，甚至不是来自她的声调，而是来自演讲传递出来的信息及其真实性。麦莫莉的目标就是终结童婚。

麦莫莉的姐姐发挥了强大的榜样作用，在姐姐的激励下，麦莫莉也参与了这一运动。按照当地的传统，10岁大的女孩就要去营地接受性启蒙，即学习如何取悦男人。一些被称为“鬣狗”（hyena）的男人会到访并训练马拉维各地的女孩，导致许多女孩怀孕或感染艾滋病。麦莫莉的姐姐梅茜11岁怀孕，然后就“嫁出去了”（但不是嫁给“鬣狗”）。16岁时，梅茜已经有三个孩子了。她没有受过教育，对自己的未来也不抱什么希望。

在接触了马拉维女童赋权网之后，麦莫莉开始鼓励她所在村庄的女童们发出自己的声音。她们在证明书中强调：“我想结婚时，我就会结婚。”她们发出了一个前所未有的声音，让人们很难忽视泛滥成灾的童婚习俗。麦莫莉还踏上了推动修改童婚法律的漫漫征程，并在5年后实现了这个目标。

2015年2月，马拉维将法定结婚年龄从15岁提高到18岁。这是一个不小的成就，因为马拉维是世界上童婚率最高的国家之一——女童在9岁时就会嫁人。这一胜利的获取路径与利比里亚的成功运动非常相似。她们首先说服当地酋长，告诉他们女童需要接受教育，然后借助这些酋长逐渐地把这种影响力传递给立法者。

麦莫莉本来就是一个不守常规的"捣乱者"。毫无疑问，她受到了来自社区的巨大压力，尽管如此，她仍然拒绝去性启蒙营。在那里，女孩们必须服从命令，即使痛苦不堪也要默默忍受。麦莫莉拒绝了这样的安排。她的姐姐成为当时通行法律的牺牲品，但她变成了一名积极分子，和一小群女童一起推动了相关法律的修改。

考虑到马拉维的童婚文化和历史，这些成功堪称重大胜利。它们强调了贯穿本书的一些原则。这些女童就是坚持不懈原则的践行者。她们满怀信心。她们没有仔细斟酌自己的语言，也没有做出妥协，而是顶住了家庭和社区的压力。她们与部落酋长作战，她们出现在立法机构面前。她们的声音充满力量。

本书关注的是说出自己的想法

很多人总是担心自己该说什么，该怎么说。我们总在提醒自己不要冒犯别人，做事要高效，要在自利策略与做正确的事之间做出取舍。我们觉得自己没有畅所欲言的权利，尽管美国宪法第一修正案赋予了我们这项宝贵的权利。无论等级高低，无论所属的类别对我们有利或是不利，这种束缚感一直存在。在每次发表意见之前，我们几乎都会分析可能的结果。

说真话并不意味着粗鲁无礼，也不意味着恶意地伤害或诋毁别人，它是指当你认为自己所持立场是正确的时候，你敢于把它说出来。在本书中，持异议者就是这样的形象。

我们需要异议。举个例子。我爱大学，是因为大学是一个真正欢迎不同观点的地方。异议可以为我们注入活力，帮我们澄清认识。听取异议，可使我们陷入意识形态泡沫的可能性变得更小。异议可以解放我们的思想，促使我们独立思考、看见真理、分享真理。异议鼓励我们去探寻、思考并不断深化理解。

无论是在大学里、公司里还是在咖啡馆的聊天中，我们都在等待真实的声音。毕竟，诚实的话语太稀缺了。对我们来说，获得诚实话语的一种方式就是保持好奇心，接纳那些不同于我们的想法。如果你心中怀有善意和敬意，就几乎不会冒险别人。

本书关注的是保护不同的观点

异议（真实的异议）可以激发我们的思考，这是我们取得的乐观的研究成果，当然也是本书的核心内容。正如前面讨论的，我们必须把异议与多样性区分开来。有利于做出好的决策的因素不是人口学特征的多样性，甚至不只是观点的多样性，而是挑战。当内心真正持有的竞争性观点被表达出来时，就会对我们的思考和决策有所裨益。

在我们管理团队和组织时，选择那些不仅具有相关知识和经验，而且有可能从不同角度看问题的人至关重要。但是，我们也不能低估团队或组织的文化。关于企业创新文化这个主题，我另有著述，在这里我要告诉大家，群体至少要让发表异议的人有安全感。如果他们觉得异议是受欢迎的，就更好了。这样一个群体有机会成为一个以协同效应和高水平创造力闻名的“热门团队”。

世界事务委员会的首席执行官简·威尔士（Jane Wales），试图将这些原则付诸实践。威尔士有非凡的人生履历，曾担任卡特总统的副助理国务卿和克林顿总统的特别助理。对她的访谈是我很长时间以来相当有思想性的一场讨论。

威尔士凭借她广泛的经验和令人眼花缭乱的世界事务知识，形成了关于现实生活决策的观点。她敏锐地意识到，情绪和偏见经常会改头换面，在大多数政策决策中起到支配作用，致使说服人们相信哪些东西符合所有人的利益的难度增加。在描述这些问题时，威尔士提到了勇于改变的重要性，尽管她也知道我们从来没有正确地认识这个问题。

威尔士的使命是实现世界事务委员会的现代化，这意味着要升级自1948年沿用至今的模式。作为首席执行官，她启用了几个战略规划流程。其中一个是由委员会的资深团队和长期成员控制的。至于另外一个流程，她系统性地安排全体员工和委员会的新成员来负责。她的目标是确保每个人都能发表意见。

她传递出的信息是：让我们激进一些；我们不能零敲碎打，寄希望于量变引起质变。如果世界事务委员会是一家媒体公司，那么我们应该如何架构它，我们的产品是什么，我们如何交付产品？如果我们的目标是建立一个社区，那么这个社区应该建成什么样？如果我们的任务是组织会议，那么我们应该组织什么样的会议？

威尔士传递出的信息响亮又清晰：世界事务委员会将面貌一新。他们会像团队一样工作，他们将改头换面。无论需要什么样的改变，他们都应该也愿意去做出这样的改变。她发现她领导下的委员会活力四射，员工全身心投入工作。以前的模式是在现场传递信息，而听众被动地坐在那里听。现在，他们运用了广播和网络媒体，以提高观众参与度为目标。他们不再采用讲座的形式，而是让人们参与互动，引导他们提出自己的观点。威尔士让世界事务委员会变成了一个可以交流新观点且没有任何后顾之忧的地方。不仅如此，她欢迎人们提出新观点。

本书关注的是辩论，而不是和谐

戴尔·卡内基建议我们要友善，不要相互批评。如果我们批评别人，我们就做不成买卖。对做销售来说，这可能是正确的，但对于那些想做出好的决策和找到创新性解决方案的团队来说，就行不通了。就创造力而言，我们得到的启示应该是：想法是受欢迎的，而且越新颖越好。但有趣的是，咨询师常常遵从卡内基的建议。

亚历克斯·奥斯本也给出了类似的建议。在他提出的4条头脑风暴规则中，其中一条就是“不要批评他人”的观点。他认为，批评会导致人们三缄其口，从而减少创新性想法的数量。从直觉上看，我们可能会认为这个观点有些道理，但美国和法国的研究已经证实，自由地批评他人的想法有助于创意的产生，而不是起到阻碍作用。

“不要批评他人”的观点之类的规则总让我觉得我们是如此脆弱，

以至于我们不能容忍有人说我们的想法有缺陷或者说我们的想法不是最好的。这些规则似乎还会导致人们分心，不能全神贯注地考虑如何解决眼前的问题。当你总在担心自己应该说什么和怎么说的时候，你就很难随心所欲地发表自己的看法。我们的研究表明，辩论甚至是批评，都有助于推动头脑风暴。

这里不是玫瑰园，但有玫瑰

本书强调的不是创造异议，而是允许异议存在，甚至是欢迎真实的异议。在许多初创企业中，强大的研究团队和“热门团队”的成员都喜欢发表不同的观点。几乎可以肯定的是，你经历过的最成功的工作团队一定充满活力，团队成员因为彼此进行思想碰撞并取得良好的效果而斗争昂扬。对话和辩论可能会令人振奋，促使我们学习及重新评估决策或方案。

在我看来，最大的问题是压制异议。借用约翰·穆勒的话来说，当异议遭到压制时，群体和组织就会遭殃。如果异议是正确的，群体就会失去发现真理的时机；如果异议是错误的，群体就会失去激发思考的机会。一旦共识达成，它就会变成我们头脑的自动驾驶仪。害怕发表意见，有时会导致我们对错误的决定或违背道德的行为视而不见。

对于是否应该发表意见，可能需要进行合理的盘算，但无论如何，害怕说出自己的想法会在组织中造成严重问题。我们都知道丑闻会产生什么样的影响，比如，臭名昭著的流氓交易员“伦敦鲸”（the London Whale）在2012年加倍下注，导致摩根大通集团至少损失了62亿美元。但这个丑闻并非一人引发，其他交易员串通一气，是导致该丑闻的部分原因。有些交易员做了两份独立的账簿，以尽可能地让损失规模最小化。还有许多交易员尽管对此有所怀疑或知道一些内幕，却始终保持沉默。毕竟，亏损金额超出了风险上限的300多倍。我们在团体迷思的经典案例——灾难性的猪湾事件中看到了类似情况。虽然亚瑟·施莱辛格持反对意见，但他却选择保持沉默，以至于后来因为没有发表意见而自责不已。我们也会在一些更常见的场合中看到不发表意见的负面影响。当所有人“都在同一条船上”时，我们保持沉默。当所有人都在做同一件事时，躲在他们身后更容易也更安全。毕竟，“愉快合作，友好相处”更容易做到。谁愿意成为一个殉道者呢？

但是，异议的乐观面也是非常真实的。我们看到越来越多的人在认真地征求甚至是欢迎不同的观点，本书还着重介绍了其中几个人。我们看到越来越多的首席执行官和管理者信心十足，在他们的组织中为异议创造了一个安全的环境。他们欢迎不同的观点，这是因为他们从个人和财务角度认识到异议的价值。一些最优秀的企业家不断挑战自我。例如，财捷集团创始人斯科特·库克为打败自己而不断努力。伯克利研究集团首席执行官戴维·提斯（David Teece）也有类似的想法。他不怕挑战；事实上，他鼓励人们向他发起挑战。一些优秀的医生主动去征求其他专家的意见。例如，旧金山的内科医生雅各布·约翰逊和杰西·多赫曼（Jesse Dohemann）经常征求其他专家的意见，据此修正他们做出的诊断。

本书的主要思想

本书关注的不是如何抚慰他人，也不是告诫我们不要与他人发生分歧，以免冒犯他们，而是想告诉我们真实的辩论有什么样的重要性和价值。认为异议会激起愤怒情绪和引发冲突的观点只是部分正确。异议和辩论还会带来欢乐和热烈的讨论。最重要的是，真实的异议和辩论不仅能让我们思考，而且能让我们善于思考。异议让我们获得了思想上的解放，“知道我们知道什么”。异议可以帮助我们做出更好的决策，找到更具创新性的解决方案。

我想引用哲学家埃里克·霍弗（Eric Hoffer）说过的一句简洁优美的话作为本书的结束语：“思想始于分歧——不只是与他人的分歧，还有与我们自己的分歧。”

自大学毕业以来，我一直得益于三位教授的言传身教。没有他们，就没有这本书，虽然它基本上是我通过个人努力取得的成果。三位教授对我的影响不只是在专业上，还体现在个人事务上。从本书涉及的问题和我思考这些问题的方法，都可以看到他们对我的影响。就连我选择现在这个职业，也是受到了他们的影响。他们的名字出现在本书的献词页上，正是因为我对他们怀有深深的感激之情。

我之所以仍然待在当前这个领域，是因为莱恩·伯克维茨（Len Berkowitz）。读了一年的研究生后，我打算放弃，并开始四处找工作。但是，找到工作之后，我仍在四处寻找，希望觅得有意义的事情。莱恩为我找到了一个能继续学习社会心理学的机会。他安排我跟着牛津大学的亨利·塔吉费尔（Henri Tajfel），做为期一年的研究助理工作。莱恩希望我能从中找到人生的真谛，他是对的。

我能留在这个领域，还应该感谢孟山都公司。他们提供了两个工作岗位任我选择，其中一个是公共关系部门的副职。该部门的负责人在面试过程中明确表示他愿意给我这份工作，但他同时建议我不要接受。他认为孟山都公司无法满足我的学术兴趣，我应该先完成博士学业。他确实发出了工作邀请，而我也接受了他的建议。

亨利·塔吉费尔同样让我心怀感激。亨利是一个精力充沛、才华横溢，有点儿疯狂的波兰裔犹太人，第二次世界大战期间曾在战俘营待过5年。亨利善于发现有重大价值的问题，当时他在正着手研究与群体内部关系有关的重要问题。那是我第一次走出国门，我发现我们做的研究令人兴奋不已，是我梦寐以求的目标，因此我决定继续从事研究。亨利带着我和尼克·约翰逊（Nick Johnson）参加了后来的欧洲社会心理学协会在其创立早期举行的一次会议。会议的规模很小，与会人员都是欧洲的“主席”，只有我和尼克是学生——亨利不相信规则。在那次会议上，我遇到了谢尔盖·莫斯科维奇。

事实证明，谢尔盖是对我职业生涯影响最大的一个人。他也是经历过“二战”的东欧犹太人，知识渊博，受过高等教育，从科学史、政治学到社会学无所不精。谢尔盖比任何人都更了解少数派意见的潜在力量。我很幸运地从他那里得到了成为客座教授的机会，在我获得博士学位后不久，亨利又给了我同样的机会。时间是有先见之明的。当时，谢尔盖刚刚完成了第一个关于少数派观点如何说服他人的实验研究。

在个人事务方面，这三位教授也对我产生了非常重要的影响。在我的职业生涯早期莱恩于我尤其重要。每当我冲动地想要做出改变时，他就会给我明智的忠告，把我留在这个研究领域。在我遇到困难（比如我的母亲突然去世）之时，或者在我准备做出愚蠢决定之时，他都会帮助我。亨利阅历丰富，对不幸的理解可能比我认识的任何人都要深刻。但是，他给我留下最深刻印象的还是他的幽默感。在他亲切的注视下，我们被自负冲昏头脑时做出的所有可笑行为都无所遁形。但是，当讨论社会认同、偏见和群体间关系等话题时，我们的谈话总是很严肃。30年来，无论是换工作、结婚，还是遭遇生活中的各种坎坷，谢尔盖总是在我最需要的时候给予我忠告。他可能是我见过的最聪明，也是最复杂的人之一。在我看来，没有人比他更了解影响力和权力，而且他从不会脱离现实，凭臆想研究这些问题。他告诉我，所有研究都必须适用于我们周围的世界。

现在，三位对我恩重如山的教授都先后辞世了，其中莱恩是在我撰写这篇致谢时离开这个世界的。我沉痛地悼念他们！

除此以外，密尔特·罗森伯格（Milt Rosenberg）、卡尔·韦克（Karl Weick）和鲍勃·扎荣茨（Bob Zajonc）三位教授也以他们各自的方式，对我的思想、职业和个人决策产生了重大影响。感谢我这些年来认识的优秀学生：基思·布朗、辛西娅·奇利斯、杰夫·恩迪科特、杰克·冈卡罗、朱丽·关、奥弗拉·梅斯勒斯、亚历克斯·奥康纳、朗达·帕贾克、约翰·罗杰斯、杰夫·谢尔曼和乔尔·瓦希特勒。我打从心底里感谢他们。

对我的个人生活而言，没有人比我的两个孩子布伦丹（Brendan）和劳伦（Lauren）更重要了。他们都是我养育长大的，但他们的非凡成就都是他们凭借自身的努力取得的，我甚至认为他们的独立性已经到了近乎苛刻的程度。他们是真正教会我什么才是最重要的人，还教会了我如何去爱。

写作本书是一个漫长的反思过程。在此期间，我接受了外科手术、大量的医学检查和许多其他问题的考验。自始至终，我都要感谢我的经纪人马克斯·布罗克曼（Max Brockman）。从他联系我的那一刻起，他就一直是我的一盏指路明灯。他是一个真正友善的人，才思敏捷，善解人意，工作出色。还有我的英文版图书编辑T. J. 凯莱赫（T. J. Kelleher）。在我们第一次通电话时，我就知道他是一个“合适的人选”。他和他的助理编辑海伦妮·巴泰勒米（Helene Barthelemy）对我的帮助都无法估量。

我也要感谢乔纳·莱勒（Jonah Lenrer），因为他的访谈和书籍，特别是他发表在《纽约客》（*New Yorker*）杂志上的那篇文章，都提到了我的研究，引起了马克斯·布罗克曼对我的关注。还有我以前的研究生亚历克斯·奥康纳（Alex O’connor），他的渊博知识在检查我的手稿和本书参考文献的准确性方面对我帮助很大，他还就哪些内容有价值及哪些内容没什么意义，给我提供了有益的反馈意见。我还要感谢阿比盖尔·霍奇根·雷诺兹基金和加州大学伯克利分校理学院院长卡拉·黑塞（Carla Hesse），感谢他们提供了支付给亚历克斯的大部分资金。

我还要感谢国际妇女论坛北加州分会的许多成员，在整个写作过程中给予我的多次采访机会和大力支持。在此，我要特别感谢两位优秀的医生，他们是你能想象到的最聪明和最体贴的人。在一些阴暗的日子里，他们让我开怀大笑。谢谢你们，杰西·多赫曼和雅各布·约翰逊！

最后，我要感谢旧金山所有的咖啡馆。他们的服务人员太好了，哪怕我只买了几杯咖啡，也允许我在电脑前一连坐上好几个小时。或许我还应该感谢我的理疗师彼得·罗斯布拉特（Peter Rothblatt）。我每次长时间伏案工作之后，他都能让我的双肩和颈部得到放松。

前言 一个关于共识与异议的新故事

1. **Three days before Christmas, in 1978:** National Transportation Safety Board (NTSB), "Aircraft Accident Report: United Air Lines, Inc., McDonnell-Douglas DC-8–61, N8082U, Portland, Oregon, December 28, 1978," NTSB-AAR-79–7 (Washington, DC: NTSB, June 7, 1979), www.ntsb.gov/investigations/AccidentReports/Reports/AAR7907.pdf.
2. **twenty-three people were seriously injured:** Ibid., 23.
3. **Perhaps the stress prevented them from noticing:** James A. Easterbrook, "The Effect of Emotion on Cue Utilization and the Organization of Behavior," *Psychological Review* 66, no. 3 (1959): 183–201. See generally Jonathan Fawcett, Evan Risko, and Alan Kingstone, eds., *The Handbook of Attention* (Cambridge, MA: MIT Press, 2015).
4. **"three [3,000 pounds] on the fuel and that's it":** NTSB, "Aircraft Accident Report," 6.
5. **"About four thousand, well, make it three thousand":** Ibid., 7.
6. **"I think you just lost number four":** Ibid.
7. **"Why?" asked the captain:** Ibid.
8. **"Fuel," said the first officer:** Ibid.
9. **"Portland tower, United one seventy three heavy":** Ibid., 9.
10. **At the crash site, however:** Ibid.
11. **Even then, we know that people do not always follow the truth:**

Charlan Jeanne Nemeth and Joel Wachtler, "Creative Problem Solving as a Result of Majority vs. Minority Influence," *European Journal of Social Psychology* 13, no. 1 (1983): 45–55.

12. **Whether it is in an organization or a start-up:** Dacher Keltner, Deborah Gruenfeld, and Cameron Anderson, "Power, Approach, and Inhibition," *Psychological Review* 110 (2001): 265–284.
13. **This book also serves as a counter to books:** James Charles Collins and Jerry I. Porras, *Built to Last: Successful Habits of Visionary Companies* (New York: HarperCollins, 2002).
14. **"that people have upon the beliefs or behavior of others":** Elliot Aronson, *The Social Animal* (New York: Macmillan, 2003), 6.
15. **many in the field still view it as unlikely:** Bibb Latané and Sharon Wolf, "The Social Impact of Majorities and Minorities," *Psychological Review* 88, no. 5 (1981): 438.
16. **Reducing the broad area of social influence to persuasion:** Robert B. Cialdini, *Influence: The Psychology of Persuasion* (New York: Morrow, 1993).
17. **what most researchers consider good decision-making:** Irving L. Janis and Leon Mann, *Decision Making: A Psychological Analysis of Conflict, Choice, and Commitment* (New York: Free Press, 1977).
18. **the nail that sticks up will be hammered down:** "Learn Japanese: 30 Japanese Proverbs & Sayings. Part 2," Linguajunkie .com, www.linguajunkie.com/japanese/learn-japanese-proverbs -sayings (accessed December 10, 2016).
19. **"We must learn to welcome":** J. William Fulbright, speech delivered before the US Senate, Washington, DC, March 27, 1964.
20. **"Whenever you find that you are on the side of the majority":** Mark Twain, *Mark Twain's Notebook* (New York: Harper and Brothers, 1909), 393.

第1章　多数派的影响力和说服力

1. **One segment from 1962:** Allen Funt and Philip G. Zimbardo, "Face the Rear," in *Candid Camera Classics for Teaching Social Psychology* (video) (Boston: McGraw-Hill Films, 1992).
2. **The jury may take hours or days to reach a verdict:** Harry

Kalven Jr. and Hans Zeisel, *The American Jury* (Boston: Little, Brown, 1966).

3. **My colleagues and I have found that people:** Charlan Nemeth and Cynthia Chiles, "Modelling Courage: The Role of Dissent in Fostering Independence," *European Journal of Social Psychology* 18, no. 3 (1988): 275–280.
4. **best-sellers such as *The Wisdom of Crowds* inadvertently reinforce:** James Surowiecki, *The Wisdom of Crowds: Why the Many Are Smarter Than the Few and How Collective Wisdom Shapes Business, Economies, Societies, and Nations* (New York: Doubleday, 2004).
5. **The classic study of this phenomenon was conducted:** Solomon E. Asch, "Studies of Independence and Conformity: I. A Minority of One Against a Unanimous Majority," *Psychological Monographs: General and Applied* 70, no. 9 (1956): 1–70.
6. **This study, while first conducted half a century ago:** Rob Bond and Peter B. Smith, "Culture and Conformity: A Meta-Analysis of Studies Using Asch's (1952b, 1956) Line Judgment Task," *Psychological Bulletin* 119, no. 1 (1996): 111–137.
7. **The amount of conformity:** Aronson, *The Social Animal;* Asch, "Studies of Independence and Conformity."
8. **"Fifty million Frenchmen can't be wrong":** Fred Fisher, Billy Rose, William Raskin, and Jack Kaufman "Fifty Million Frenchmen Can't Be Wrong" (Orange, NJ: Edison, 1927).
9. **Many people can relate to the Japanese proverb:** Roy F. Baumeister and Brad J. Bushman, *Social Psychology and Human Nature* (Belmont, CA: Thomson Learning, 2008).
10. **In the early study by Asch:** Asch, "Studies of Independence and Conformity."
11. **Some one hundred studies have investigated:** Bond and Smith, "Culture and Conformity."
12. **More importantly, they feared rejection:** Baumeister and Bushman, *Social Psychology*.
13. **that fear may be an even more potent reason:** David S. Wallace, Rene M. Paulson, Charles G. Lord, and Charles F. Bond Jr., "Which Behaviors Do Attitudes Predict? Meta-analyzing the Effects of Social Pressure and Perceived Difficulty," *Review of*

General Psychology 9, no. 3 (2005): 214–227.

14. **When we are motivated to believe that the majority:** Ziva Kunda, "The Case for Motivated Reasoning," *Psychological Bulletin* 108, no. 3 (1990): 480–498.
15. **Empirical work by economists confirms:** Abhijit V. Banerjee, "A Simple Model of Herd Behavior," *Quarterly Journal of Economics* (1992): 797–817.
16. **Between 1995 and 2000, the NASDAQ:** "2001 Nasdaq 100 Historical Prices/Charts," FuturesTradingCharts.com, http://futures.tradingcharts.com/historical/ND/2001/0/continuous.html (accessed November 14, 2015).
17. **bubbles are not necessarily evidence:** Robert J. Shiller, "How a Bubble Stayed Under the Radar," *New York Times,* March 2, 2008.
18. **"reputational calculation":** John Maynard Keynes, *The General Theory of Employment, Interest, and Money* (New York: Harcourt, Brace, 1936).
19. **around 70 percent of employees don't speak up:** Kathleen D. Ryan and Daniel K. Oestreich, *Driving Fear Out of the Workplace: How to Overcome the Invisible Barriers to Quality, Productivity, and Innovation* (San Francisco: Jossey-Bass, 1991).
20. **We see similar kinds of following in consumer behavior:** Nan Hu, Ling Liu, and Jie Jennifer Zhang, "Do Online Reviews Affect Product Sales? The Role of Reviewer Characteristics and Temporal Effects," *Information Technology and Management* 9, no. 3 (2008): 201–214.
21. **A number of businesses capitalize:** Jen-Hung Huang and Yi-Fen Chen, "Herding in Online Product Choice," *Psychology and Marketing* 23, no. 5 (2006): 413–428.
22. **A listed business with a majority of good ratings:** Michael Luca, "Reviews, Reputation, and Revenue: The Case of Yelp.com," Harvard Business School Working Paper 12–016, September 16, 2011.
23. **The Holy Grail of book recommendations:** Alan T. Sorensen, "Bestseller Lists and Product Variety," *Journal of Industrial Economics* 55, no. 4 (2007): 715–738.

24. **"almost 75 percent of guests who are asked to participate":** Noah J. Goldstein, Robert B. Cialdini, and Vladas Griskevicius, "A Room with a Viewpoint: Using Social Norms to Motivate Environmental Conservation in Hotels," *Journal of Consumer Research* 35, no. 3 (2008): 472.
25. **"People start pollution. People can stop pollution":** "Pollution: Keep America Beautiful—Iron Eyes Cody," *Ad Council*, www.adcouncil.org/Our-Work/The-Classics/Pollution-Keep-America-Beautiful-Iron-Eyes-Cody.
26. **it was named one of the top one hundred advertising campaigns:** "Ad Age Advertising Century: Top 100 Campaigns," *AdvertisingAge*, March 29, 1999, http://adage.com/article/special-report-the-advertising-century/ad-age-advertising-century-top-100-advertising-campaigns/140150/.
27. **this message might not have had its intended effect:** Robert B. Cialdini, Linda J. Demaine, Brad J. Sagarin, Daniel W. Barrett, Kelton Rhaods, and Patricia L. Winters, "Managing Social Norms for Persuasive Impact," *Social Influence* 1, no. 1 (2006): 3–15.
28. **There are many books and articles:** For an overview, see Surowiecki, *The Wisdom of Crowds*.
29. **One specific way to reduce that fear is through anonymity:** John C. Turner, *Social Influence* (Bristol, PA: Thomson Brooks/Cole Publishing Co, 1991); Morton Deutsch and Harold B. Gerard, "A Study of Normative and Informational Social Influences upon Individual Judgment," *Journal of Abnormal and Social Psychology* 51, no. 3 (1955): 629–636.
30. **interacting over networked computers rather than face to face:** Shirley S. Ho and Douglas M. McLeod, "Social-Psychological Influences on Opinion Expression in Face-to-Face and Computer-Mediated Communication," *Communication Research* 35, no. 2 (2008): 190–207.

第 2 章 即使只有一个人持不同意见，结果也会大不相同

1. **one way is through anonymity:** Morton Deutsch and Harold B. Gerard, "A Study of Normative and Informational Social In-

fluences upon Individual Judgment," *Journal of Abnormal and Social Psychology* 51, no. 3 (1955): 629–636.
2. **One early and interesting study:** Ibid.
3. **Asch's early length-of-lines study:** Solomon E. Asch, "Opinions and Social Pressure," *Scientific American* 193 (1955): 31–35.
4. **the evidence shows that, even here:** Vernon L. Allen and John M. Levine, "Social Support, Dissent, and Conformity," *Sociometry* 31, no. 2 (1968): 138–149.
5. **agreement with the erroneous majority dropped:** Ibid.
6. **we know that people fear being that "one":** Charlan Jeanne Nemeth and Brendan Nemeth-Brown, "Better Than Individuals? The Potential Benefits of Dissent and Diversity for Group Creativity," in *Group Creativity: Innovation Through Collaboration*, edited by Paul Paulus and Bernard Nijstad, 63–84 (Oxford: Oxford University Press, 2003).
7. **In a now-classic experiment:** Stanley Schachter, "Deviation, Rejection, and Communication," *Journal of Abnormal and Social Psychology* 46, no. 2 (1951): 190–207.
8. **The majority will try to convince the dissenter:** Ibid.
9. **We looked at this possibility in one of our own studies:** Nemeth and Chiles, "Modelling Courage."

第3章 提出异议是一门艺术，足以改变人的观点和决策

1. **Being the target of most of the communication:** Schachter, "Deviation, Rejection, and Communication."
2. **It took two centuries for the ban:** Douglas O. Linder, "The Trial of Galileo: A Chronology," *Famous Trials*, http://law2.umkc.edu/faculty/projects/ftrials/galileo/galileochronology.html.
3. **He was ridiculed, not permitted to speak:** Ernest Jones, *The Life and Work of Sigmund Freud* (New York: Basic Books, 1961), 299.
4. **Some attributed his theories:** E. M. Thornton, *Freud and Cocaine: The Freudian Fallacy* (London: Blond & Briggs, 1983).
5. **Concepts like the unconscious or repression:** John F. Kihlstrom, "Is Freud Still Alive? No, Not Really," in *Hilgard's Introduction to Psychology*, 13th ed., edited by Rita L. Atkinson,

Richard C. Atkinson, Edward E. Smith, Daryl J. Bem, and Susan Nolen-Hoeksema (New York: Harcourt Brace Jovanovich, 1999).

6. **Think of Jeffrey Wigand:** *The Insider,* directed by Michael Mann (Burbank, CA: Touchstone Pictures, 1999).
7. **Glenn Greenwald, a journalist with *The Guardian* newspaper:** Glenn Greenwald, "NSA Collecting Phone Records of Millions of Verizon Customers Daily," *Guardian*, June 6, 2013.
8. **PRISM, a seven-year NSA data mining program:** Glenn Greenwald and Ewen MacAskill, "NSA Prism Program Taps in to User Data of Apple, Google, and Others," *The Guardian*, June 7, 2013.
9. **a "balance" of security and privacy:** "Edward Snowden: Timeline," *BBC News,* August 20, 2013, www.bbc.co.uk/news/world-us-canada-23768248; Andrew Serwin, "Striking the Balance—Privacy versus Security and the New White House Report," Privacy Advisor, December 19, 2013; https://iapp.org/news/a/striking-the-balanceprivacy-versus-security-and-the-new-white-house-report/
10. **The *Guardian* disclosed that he was Edward Snowden:** Alana Horowitz, "Booz Allen Hamilton: Edward Snowden News 'Shocking,' 'A Grave Violation,'" *Huffington Post,* June 10, 2013, www.huffingtonpost.com/2013/06/09/booz-allen-hamilton-edward-snowden-nsa_n_3412609.html.
11. **"Mr. Snowden told the truth in the name of privacy":** Phil Black, Matt Smith, and Catherine E. Shoichet, "Snowden on the Run, Seeks Asylum in Ecuador," *CNN,* June 24, 2013, www.cnn.com/2013/06/23/politics/nsa-leaks/.
11. **Snowden had "no intention of hiding":** Ashley Fantz, "NSA Leaker Ignites Global Debate: Hero or Traitor?" *CNN,* June 10, 2013, www.cnn.com/2013/06/10/us/snowden-leaker-reaction/.
13. **"The NSA has built an infrastructure":** Ewen MacAskill, "Edward Snowden, NSA Files Source: 'If They Want to Get You, in Time They Will,'" *The Guardian,* June 10, 2013.
14. **Those in the hero camp saw him as a man:** Hadas Gold, "Daniel Ellsberg Thanks Edward Snowden," *Politico,* June 10, 2013,

www.politico.com/story/2013/06/daniel-ellsberg-edward-snowden-nsa-leak-92478.html.

15. **He was variously described as "arrogant":** David Auerbach, "I Would Have Hired Edward Snowden," *Slate,* June 18, 2013, www.slate.com/articles/technology/technology/2013/06/i_would_have_hired_nsa_whistleblower_edward_snowden.html; David Brooks, "The Solitary Leaker," *New York Times,* June 10, 2013; Eric Niiler, "The Bean-Spillers: Why Do They Leak?" *Seeker,* June 10, 2013, www.seeker.com/the-bean-spillers-why-do-they-leak-1767586613.html.
16. **"impossibly self-important":** Ralph Peters, "Making Treason Cool," *New York Post,* June 11, 2013.
17. **He now had no travel documents:** "US Officials Fume over Russia Granting Asylum to Snowden," *Fox News,* August 1, 2013, www.foxnews.com/politics/2013/08/01/snowden-reportedly-leaves-moscow-airport-enters-russia-on-refugee-status/.
18. **One country after another:** Michael Pearson, Matt Smith, and Jethro Mullen, "Snowden's Asylum Options Dwindle," *CNN,* July 2, 2013, www.cnn.com/2013/07/02/politics/nsa-leak/.
19. **Eventually, Russian president Vladimir Putin:** Ilya Arkhipov and Olga Tanas, "Putin Shows Global Mojo to Russians as US Fumes over Snowden," *Bloomberg,* August 1, 2013, available to subscribers at: www.bloomberg.com/news/2013-08-01/putin-shows-global-mojo-to-russians-as-u-s-fumes-over-snowden.html.
20. **Not only had the reaction been worldwide:** Brian Stelter, "NSA: The Story of the Summer" (interview with Glenn Greenwald), *CNN: Reliable Sources,* September 1, 2013, www.cnn.com/videos/bestoftv/2013/09/01/rs-nsa-the-story-of-the-summer.cnn.
21. **A federal appeals court ruled:** Devlin Barrett and Damian Paletta, "NSA Phone Program Is Illegal, Appeals Court Rules," *Wall Street Journal,* May 7, 2015.
22. **"unwarranted government surveillance":** Jim Stavridis and Dave Weinstein, "Apple vs. FBI Is Not About Privacy vs. Security—It's About How to Achieve Both," *Huffington Post,* March 8, 2016,

www.huffingtonpost.com/admiral-jim-stavridis-ret/apple-fbi-privacy-security_b_9404314.html.

23. **The first experimental study of how dissenters:** Serge Moscovici, E. Lage, and M. Naffrechoux, "Influence of a Consistent Minority on the Responses of a Majority in a Color Perception Task," *Sociometry* 32, no. 4 (1969): 365–380.
24. **subsequent research has repeatedly replicated:** Charlan J. Nemeth, "Minority Influence Theory," in *Handbook of Theories of Social Psychology,* vol. 2, edited by Paul A. M. Van Lange, Arie W. Kruglanski, and E. Tory Higgins (Thousand Oaks, CA: Sage Publications, 2011), 362–378.
25. **without consistency, a minority voice does not persuade:** Miles Hewstone and Robin Martin, "Minority Influence: From Groups to Attitudes and Back Again," in *Minority Influence and Innovation: Antecedents, Processes, and Consequences,* edited by Robin Martin and Miles Hewstone (New York: Psychology Press, 2010), 365–394.
26. **fewer than 5 percent of verdicts are the position:** Kalven and Zeisel, *The American Jury*.
27. **In our own experimental studies using mock-jury deliberations:** Charlan Nemeth, "Interactions Between Jurors as a Function of Majority vs. Unanimity Decision Rules," *Journal of Applied Social Psychology* 7, no. 1 (1977): 38–56.
28. **dissenters change more minds in private than in public:** Martin and Hewstone, *Minority Influence and Innovation*.
29. **In their private judgments of that case:** Charlan Nemeth and Joel Wachtler, "Creating Perceptions of Consistency and Confidence: A Necessary Condition for Minority Influence," *Sociometry* 37 (1974): 529–540.
30. **A dissenter can become more artful in articulating:** Charlan Nemeth, Mark Swedlund, and Barbara Kanki, "Patterning of the Minority's Responses and Their Influence on the Majority," *European Journal of Social Psychology* 4 (1974): 53–64.
31. **He was in fact advised to compromise:** Helen W. Puner, *Sigmund Freud: His Life and Mind* (New Brunswick, NJ: Transaction Publishers, 1992).

32. **what about the extensive research supporting the common advice:** Seungwoo Kwon and Laurie R. Weingart, "Unilateral Concessions from the Other Party: Concession Behavior, Attributions, and Negotiation Judgments," *Journal of Applied Psychology* 89, no. 2 (2004): 263.
33. **and scores of studies suggest that it is:** Martin and Hewstone, *Minority Influence and Innovation;* Nemeth, "Minority Influence Theory."
34. **You may be thinking that it is all fine and good:** Jeffrey Z. Rubin and Bert R. Brown, *The Social Psychology of Bargaining and Negotiation* (New York: Academic Press, 1975).
35. **Negotiation research argues for the power:** Rubin and Brown, *Bargaining and Negotiation;* Leigh Thompson, *The Truth About Negotiations* (Upper Saddle River, NJ: Pearson Education, 2013).
36. **The other line of research:** Gabriel Mugny and Stamos Papastamou, *The Power of Minorities* (London: Academic Press, 1982).
37. **one individual took a minority position:** Charlan Nemeth and Alice G. Brilmayer, "Negotiation Versus Influence," *European Journal of Social Psychology* 17, no. 1 (1987): 45–56.
38. **dissenters have "hidden" influence:** Gabriel Mugny and Juan A. Perez, *The Social Psychology of Minority Influence* (Cambridge: Cambridge University Press, 1991); John M. Levine and Radmila Prislin, "Majority and Minority Influence," in *Group Processes*, edited by John M. Levine (New York: Routledge, 2013), 135–164; William D. Crano, *The Rules of Influence: Winning When You're in the Minority* (New York: St. Martin's Press, 2012).
39. **We see this pattern in many of our studies:** Nemeth, "Minority Influence Theory."
40. **It takes time and a choreography:** Gabriel Mugny and Stamos Papastamou, "When Rigidity Does Not Fail: Individualization and Psychologization as Resistances to the Diffusion of Minority Innovations," *European Journal of Social Psychology* (1980): 10, 43–61.
41. **The choreography of the dissenter's verbal:** For further reviews, see Hewstone and Martin, "Minority Influence"; Mugny and Perez, *The Social Psychology of Minority Influence*.

42. **Some elements of this choreography:** *Twelve Angry Men,* directed by Sidney Lumet (Beverly Hills, CA: MGM Studios, 1957).
43. **Snowden had performed a "public service":** Eyder Peralta, "Former AG Holder Says Edward Snowden's Leak Was a 'Public Service,'" *NPR,* May 31, 2016, www.npr.org/sections/thetwo-way/2016/05/31/480179898/former-ag-holder-says-edward-snowdens-leak-was-a-public-service.

第4章 共识让人的思维方式单一化，行动与决策失去理性

1. **We have many biases in how we select and interpret:** Dieter Frey, "Recent Research on Selective Exposure to Information," *Advances in Experimental Social Psychology* 19 (1986): 41–80.
3. **On November 19, 1978, many people awoke to the news:** Jennifer Rosenberg, "The Jonestown Massacre," *ThoughtCo,* February 6, 2017, http://history1900s.about.com/od/1970s/p/jonestown.htm.
3. **The evidence is that these people committed mass suicide:** Rick Paulas, "The Unanswerable Questions of Jonestown," *Pacific Standard,* October 20, 2015, www.psmag.com/politics-and-law/the-unanswerable-questions-of-jonestown.
4. **Children, for example, might be beaten in public:** Jeannie Mills, *Six Years with God: Life Inside Rev. Jim Jones's Peoples Temple* New York: A&W Publishers (1979).
5. **Jim Jones's notion of a spiritual ideal:** Catherine B. Abbott, "Selling Jonestown: Religion, Socialism, and Revolutionary Suicide in Peoples Temple," *Alternative Considerations of Jonestown & Peoples Temple,* August 19, 2014, http://jonestown.sdsu.edu/?page_id=30863.
6. **He represented California's Eleventh District:** Justin Peters, "The Forgotten, Non-Kool-Aid-Drinking Victims of the Jonestown Massacre," *Slate,* November 18, 2013, www.slate.com/blogs/crime/2013/11/18/leo_ryan_jonestown_the_forgotten_non_kool_aid_drinking_victims_of_the_jonestown.html.
7. **After they arrived at the compound:** Ibid.

8. **Someone passed a note:** Staff Investigative Group, *The Assassination of Representative Leo J. Ryan and the Jonestown, Guyana Tragedy: Report of a Staff Investigative Group to the Committee on Foreign Affairs, US House of Representatives,* 96th Cong., 1st sess., House Document 96–223, May 15, 1979, 4, http://jonestown.sdsu.edu/?page_id=13674.
9. **He died of a bullet wound to the head:** "Guyana Inquest—Interview of Odell Rhodes," *Alternative Considerations of Jonestown & Peoples Temple,* http://jonestown.sdsu.edu/wp-content/uploads/2013/10/GuyanaInquest.pdf.
10. **As John Stuart Mill recognized:** Charlan Jeanne Nemeth, "Dissent, Group Process, and Creativity: The Contribution of Minority Influence," in *Advances in Group Processes,* vol. 2, edited by Edward Lawler, 57–75 (Greenwich, CT: JAI Press, 1985), 57–75.
11. **There is a reason why cultlike organizations:** Collins and Porras, *Built to Last*.
12. **Similar stories are told about Scientology:** Lawrence Wright, *Going Clear: Scientology, Hollywood, and the Prison of Belief* (New York: Vintage Books, 2013).
13. **When everyone in the room laughs:** Robert R. Provine, "Contagious Laughter: Laughter Is a Sufficient Stimulus for Laughs and Smiles," *Bulletin of the Psychonomic Society* (1992): 30, 1–4.
14. **A study that we conducted at UC Berkeley:** Charlan J. Nemeth and John Rogers, "Dissent and the Search for Information," *British Journal of Social Psychology* 35, no. 1 (1996): 67–76.
15. **The task involved anagram solutions:** Charlan J. Nemeth and Julianne L. Kwan, "Minority Influence, Divergent Thinking, and Detection of Correct Solutions," *Journal of Applied Social Psychology* 17, no. 9 (1987): 788–799.
16. **One study demonstrates this tendency to not "see" solutions:** Charlan J. Nemeth and Joel Wachtler, "Creative Problem Solving as a Result of Majority vs. Minority Influence," *European Journal of Social Psychology* 13, no. 1 (1983): 45–55.
17. **This may be one reason for the tragedy:** NTSB, "Aircraft Accident Report."
18. **They crashed in a suburb of Portland only six nautical miles:** Ibid.

19. **In summary, the NTSB observed that the captain:** Ibid., 1.
20. **it was a cockpit variant:** "The only thing necessary for the triumph of evil is for good men to do nothing" is often attributed to Edmund Burke, who said something along these lines in his essay "Thoughts on the Cause of the Present Discontents."
21. **The NTSB recognized that the crew may have conformed:** NTSB, "Aircraft Accident Report," 27.
22. **The NTSB's preferred solution:** Ibid., 30.
23. **it is not very effective in combating biases:** Daniel Kahneman, *Thinking, Fast and Slow* (New York: Macmillan, 2011).
24. **one of our studies investigated the originality of thought:** Charlan J. Nemeth and Julianne L. Kwan, "Originality of Word Associations as a Function of Majority vs. Minority Influence," *Social Psychology Quarterly* 48, no. 3 (1985): 277–282.
25. **In a study testing the potential advantages:** Charlan Nemeth, Kathleen Mosier, and Cyntia Chiles, "When Convergent Thought Improves Performance: Majority vs. Minority Influence," *Personality and Social Psychology Bulletin* 18 (1992): 139–144.
26. **it is called the Stroop test:** J. Ridley Stroop, "Studies of Interference in Serial Verbal Reactions," *Journal of Experimental Psychology* 18 (1935): 643–662.
27. **the focus of a majority judgment was varied:** Nemeth, Mosier, and Chiles, "When Convergent Thought Improves Performance."

第 5 章 异议有助于激发发散性思维，强化思考能力

1. **An antidote was already apparent:** Asch, "Opinions and Social Pressure."
2. **It was one-third lower than when no ally was present:** Vernon L. Allen and John M. Levine, "Social Support and Conformity: The Role of Independent Assessment of Reality," *Journal of Experimental Social Psychology* 7, no. 1 (1971): 48–58.
3. **not all American juries are required to deliberate to unanimity:** Apodaca v. Oregon, 406 US 404 (1972); Johnson v. Louisiana, 406 US 356 (1972).
4. **While a professor at the University of Virginia:** In fact, I had decided against becoming an attorney, since I was female and

women didn't practice before the bar in those days. They generally did research for a male lawyer.

5. **the greatest group of four undergraduates:** Edward Hodge, Patrick Huyghe, David Doggett, and John Sullivan.
6. **but the real insight came from repeatedly watching:** Charlan Nemeth, "Rules Governing Jury Deliberations: A Consideration of Recent Changes," in *Psychology and the Law: Research Frontiers*, edited by Gordon Bermant, Charlan Nemeth, and Neil Vidmar (Lexington, MA: D. C. Heath & Co./Lexington Books, 1976); Nemeth, "Interactions Between Jurors."
7. **That insight took hold:** Much credit is due to two graduate students, Jeff Endicott and Joel Wachtler, who came with me from Chicago to Virginia. The discussions and research with them made an important contribution.
8. **We favor information that confirms our own beliefs:** Leon Festinger, *A Theory of Cognitive Dissonance* (Row, Peterson and Co., 1957); William Hart, Dolores Albarracín, Alice H. Eagly, Inge Brechan, Matthew J. Lindberg, and Lisa Merrill, "Feeling Validated Versus Being Correct: A Meta-Analysis of Selective Exposure to Information," *Psychological Bulletin* 135, no. 4 (2009): 555–588.
9. **university students were given the results of a survey:** Nemeth and Rogers, "Dissent and the Search for Information."
10. **In one, this involved recall of information:** Charlan Nemeth, Ofra Mayseless, Jeffrey Sherman, and Yvonne Brown, "Exposure to Dissent and Recall of Information," *Journal of Personality and Social Psychology* 58, no. 3 (1990): 429–437.
11. **Much like the research on persuasion:** Nemeth and Brilmayer, "Negotiation Versus Influence."
12. **Adding to the evidence that dissent stimulates attention:** Nemeth and Wachtler, "Creative Problem Solving."
13. **reconsider another study briefly described:** Nemeth and Kwan, "Minority Influence, Divergent Thinking."
14. **When he released the classified documents:** Greenwald, "NSA Collecting Phone Records of Millions."
15. **there was some evidence that he changed minds:** Barrett and Paletta, "NSA Phone Program Is Illegal."

16. **President Obama, who had vigorously defended:** Steven Nelson, "Senate Passes Freedom Act, Ending Patriot Act Provision Lapse," *U.S. News & World Report*, June 2, 2015.
17. **the Church Committee, which had warned us:** Cindy Cohn and Trevor Timm, "In Response to the NSA, We Need a New Church Committee and We Need It Now," *Electronic Frontier Foundation*, June 7, 2013, www.eff.org/deeplinks/2013/06/response-nsa-we-need-new-church-commission-and-we-need-it-now.
18. **After the Snowden leaks, I myself went:** *Terms and Conditions May Apply* (documentary), directed by Cullen Hoback (Los Angeles: Hyrax Films, 2013).
19. **In the study using the Stroop test:** Nemeth, Mosier, and Chiles, "When Convergent Thought Improves Performance."
20. **In a different but related study:** Randall S. Peterson and Charlan J. Nemeth, "Focus Versus Flexibility: Majority and Minority Influence Can Both Improve Performance," *Personality and Social Psychology Bulletin* 22, no. 1 (1996): 14–23.
21. **Their performance time was better than in any other condition:** Ibid.
22. **The study used an old method:** Nemeth and Kwan, "Originality of Word Associations."
23. **We were able to calculate the originality:** Leo Postman and Geoffrey Keppel, *Norms of Word Association* (New York: Academic Press, 1970).
24. **From the inception of brainstorming by Alex Osborn:** Alex F. Osborn, *Applied Imagination: Principles and Procedures of Creative Thinking* (New York: Scribner, 1958).
25. **People have argued over whether brainstorming:** Donald W. Taylor, Paul C. Berry, and Clifford H. Block, "Does Group Participation When Using Brainstorming Facilitate or Inhibit Creative Thinking?" *Administrative Science Quarterly* 6 (1958): 22–47. For thoughtful reviews and discussion, see Paul B. Paulus and Vincent R. Brown, "Enhancing Ideational Creativity in Groups: Lessons Learned from Research on Brainstorming," in *Group Creativity: Innovation Through Collaboration*, edited by Paul B. Paulus and Bernard A. Nijstad (New York: Oxford University

Press, 2003), 110–136; Scott G. Isaksen, "A Review of Brainstorming Research: Six Critical Issues for Inquiry," Monograph 303 (Buffalo, NY: Creative Problem Solving Group, Creative Research Unit, June 1998).

26. **We did this study the hard way:** Charlan J. Nemeth et al., "The Liberating Role of Conflict in Group Creativity: A Study in Two Countries," *European Journal of Social Psychology* 34, no. 4 (2004): 365–374.

27. **there is thoughtful research on the topic:** Vincent Brown and Paul B. Paulus, "A Simple Dynamic Model of Social Factors in Group Brainstorming," *Small Group Research* 27, no. 1 (1996): 91–114; Wolfgang Stroebe and Michael Diehl, "Why Groups Are Less Effective Than Their Members: On Productivity Losses in Idea-Generating Groups," *European Review of Social Psychology* 5, no. 1 (1994): 271–303.

28. **The popular press is now considering how criticism:** Rochelle Bailis, "Brainstorming Doesn't Work: Do This Instead," *Forbes,* October 8, 2014; Jonah Lehrer, "Groupthink: The Brainstorming Myth," *The New Yorker,* January 30, 2012.

第 6 章　群体决策：经常出错，但从未受到质疑

1. **a way that "strains" for consensus:** Irving L. Janis, *Victims of Groupthink: A Psychological Study of Foreign Decisions and Fiascoes* (Boston: Houghton Mifflin, 1972).

2. **One of the best-known decision fiascoes:** "Bay of Pigs Invasion," *History,* www.history.com/topics/cold-war/bay-of-pigs-invasion (accessed December 23, 2016).

3. **"the mode of thinking . . . when concurrence-seeking":** Irving Janis, "Groupthink," *Psychology Today* (November 1971): 43.

4. **Janis popularized the term in his book:** Janis, *Victims of Groupthink.* The term "groupthink" originally is credited to William H. Whyte Jr., but it was popularized by Janis.

5. **In 1961, the decision was made:** "The Bay of Pigs Invasion Begins," *History,* www.history.com/this-day-in-history/the-bay-of-pigs-invasion-begins (accessed December 23, 2016).

6. **"immediately came under heavy fire":** John F. Kennedy Presi-

dential Library and Museum, "The Bay of Pigs," www.jfklibrary.org/JFK/JFK-in-History/The-Bay-of-Pigs.aspx.

7. **In the aftermath, the US government was publicly embarrassed:** William M. LeoGrande, "Getting to Maybe: Next Steps in Normalizing US-Cuba Relations," *World Politics Review*, August 11, 2015, www.worldpoliticsreview.com/articles/16434/getting-to-maybe-next-steps-in-normalizing-u-s-cuba-relations.
8. **"How could I have been so stupid":** Robert Dallek, "Bay of Pigs: Newly Revealed CIA Documents Expose Blunders," *Newsweek*, August 14, 2011.
9. **subsequent research has shown inconsistent results:** Won-Woo Park, "A Review of Research on Groupthink," *Journal of Behavioral Decision Making* 3, no. 4 (1990): 229–245.
10. **"the women are strong":** Garrison Keillor, "National Geographic: In Search of Lake Wobegon," December 2000, www.garrisonkeillor.com/national-geographic-in-search-of-lake-wobegon/.
11. **the president and his advisers were so sure:** Peter Wyden, *Bay of Pigs: The Untold Story* (New York: Simon & Schuster: 1979).
12. **"You may be right or you may be wrong":** Arthur M. Schlesinger Jr., *A Thousand Days: John F. Kennedy in the White House* (Boston: Houghton Mifflin, 1965), 259.
13. **"I bitterly reproached myself":** Ibid., 250.
14. **"development of group norms that bolster":** Irving Janis, "Groupthink" (early draft), https://department.monm.edu/cata/McGaan/Classes/INTG415/Group-think.pdf.
15. **the research does seem to support the notion that a directed leader:** Park, "A Review of Research on Groupthink."
16. **This was shown by norms that group members agree:** Janis, "Groupthink" (early draft).
17. **Hundreds of studies have documented the fact:** David G. Myers and Helmut Lamm, "The Polarizing Effect of Group Discussion," *American Scientist* 63, no. 3 (1975): 297–303.
18. **this was found in studies on risk-taking:** James A. Stoner, "A Comparison of Individual and Group Decision Involving Risk," unpublished master's thesis, Massachusetts Institute of Technology; Nathan Kogan and Michael A. Wallach, "Risk-taking as

a Function of the Situation, the Person, and the Group," in *New Directions in Psychology*, vol. 3, edited by T. M. Newcomb (New York: Holt, 1967).

19. **Either way, group discussion led them to become:** James A. F. Stoner, "Risky and Cautious Shifts in Group Decisions: The Influence of Widely Held Values," *Journal of Experimental Social Psychology* 4, no. 4 (1968): 442–459; Colin Fraser, Celia Gouge, and Michael Billig, "Risky Shifts, Cautious Shifts, and Group Polarization," *European Journal of Social Psychology* 1, no. 1 (1971): 7–30.
20. **a group might be only three people:** Fraser, Gouge, and Billig, "Risky Shifts, Cautious Shifts, and Group Polarization."
21. **studies conducted in France in the 1960s:** Serge Moscovici and Marisa Zavalloni, "The Group as a Polarizer of Attitudes," *Journal of Personality and Social Psychology* 12, no. 2 (1969): 125–135.
22. **Other studies corroborated this tendency:** David G. Myers and George D. Bishop, "Discussion Effects on Racial Attitudes," *Science* 169 (1970): 778–789; Helmut Lamm and David G. Myers, "Group-Induced Polarization of Attitudes and Behavior," in *Advances in Experimental Social Psychology*, edited by Leonard Berkowitz (San Diego, CA: Academic Press, 1978), 145–195.
23. **Citizens were encouraged to eat organ meats:** Cari Romm, "The World War II Campaign to Bring Organ Meats to the Dinner Table," *The Atlantic*, September 25, 2014.
24. **Compared to the lecture method:** Kurt Lewin, *Field Theory in Social Science: Selected Theoretical Papers* (New York: Harper & Row, 1951).
25. **Two prevailing theories have tried to explain:** Eugene Burnstein and Amiram Vinokur, "Persuasive Argumentation and Social Comparison as Determinants of Attitude Polarization," *Journal of Experimental Social Psychology* 13, no. 4 (1977): 315–332.
26. **The other theory is "social comparison" theory:** David G. Myers and Helmut Lamm, "The Group Polarization Phenomenon," *Psychological Bulletin* 83, no. 4 (1976): 602–627.
27. **The debates between the two theories:** Daniel J. Isenberg, "Group Polarization: A Critical Review and Meta-Analysis,"

Journal of Personality and Social Psychology 50, no. 6 (1986): 1141–1151.

28. **An early study by Garold Stasser and William Titus demonstrated:** Garold Stasser and William Titus, "Pooling of Unshared Information in Group Decision Making: Biased Information Sampling During Discussion," *Journal of Personality and Social Psychology* 48, no. 6 (1985): 1467–1478.
29. **There might be several reasons for why the group members:** Garold Stasser and Zachary Birchmeier, "Group Creativity and Collective Choice," in *Group Creativity: Innovation Through Collaboration*, edited by Paul B. Paulus and Bernard A. Nijstad (Oxford: Oxford University Press, 2003), 85–109.
30. **One study showed this proportion to be as strong:** Garold Stasser, Laurie A. Taylor, and Coleen Hanna, "Information Sampling in Structured and Unstructured Discussions of Three- and Six-Person Groups," *Journal of Personality and Social Psychology* 57, no. 1 (1989): 67–78.
31. **This same pattern has been found in a study:** James R. Larson, Caryn Christensen, Ann S. Abbott, and Timothy M. Franz, "Diagnosing Groups: Charting the Flow of Information in Medical Decision-Making Teams," *Journal of Personality and Social Psychology* 71, no. 2 (1996): 315–330.
32. **Subsequent research shows that unique information:** Gwen M. Wittenbaum and Ernest S. Park, "The Collective Preference for Shared Information," *Current Directions in Psychological Science* 10, no. 2 (2001): 70–73.
33. **This diagnosis led to a very different decision:** Thank you, Jesse Dohemann.
34. **Schlesinger did not share his unique information:** Schlesinger, *A Thousand Days*.
35. **A meta-analysis of sixty-five studies:** Li Lu, Y. Connie Yuan, and Poppy Lauretta McLeod, "Twenty-Five Years of Hidden Profiles in Group Decision Making: A Meta-Analysis," *Personality and Social Psychology Review* 16, no. 1 (2012): 54–75.
36. **They had a chance to use what they learned:** US Department of State, Office of the Historian, "The Cuban Missile Crisis,

October 1962," October 31, 2013, https://history.state.gov/milestones/1961–1968/cuban-missile-crisis.

37. **someone suggested an alternative to invasion:** Morton T. Hansen, "How John F. Kennedy Changed Decision Making for Us All," *Harvard Business Review,* November 22, 2013, https://hbr.org/2013/11/how-john-f-kennedy-changed-decision-making.
38. **Other changes in the decision-making process reportedly:** Ibid.
39. **Martin Hansen, writing in the *Harvard Business Review:*** Ibid.
40. **"relax the forces pulling on the ends of the rope":** US Department of State, Office of the Historian, "The Cuban Missile Crisis."
41. **"combination of toughness and restraint":** Schlesinger, *A Thousand Days,* 841.
42. **corporate cultures can aid good decision-making:** Charlan Nemeth, "Managing Innovation: When Less Is More," *California Management Review* 40 (1997): 59–74.

第7章 如何做出更佳决策：异议、多样性与魔鬼代言人法

1. **"evaluate risks and benefits with equal vigor":** *Harvard Business Review,* Daniel Kahneman, and Ram Charan, *HBR's 10 Must Reads on Making Smart Decisions* (Boston: Harvard Business School Publishing, 2013), jacket cover.
2. **In 1995, the trial of the century was held:** Greg Braxton, "'O. J.: Trial of the Century' Revisits Murder Case as It Unfolded," *Los Angeles Times,* June 12, 2014.
3. **Racial tensions ran high throughout the trial:** David Margolick, "Victims Put Up Long Fight, a Witness for Simpson Says," *New York Times,* August 11, 1995.
4. **On October 3, 1995, after nine months of testimony:** Jim Hill, "Emotions High over Simpson Verdict," *CNN,* October 8, 1995, *www.cnn.com/US/OJ/daily/9510/10–08/.*
5. **He moved to Florida where, by law:** B. Drummond Ayres Jr., "Jury Decides Simpson Must Pay $25 Million in Punitive Award," *New York Times,* February 11, 1997.
6. **The two cases differed in a number of respects:** "How O. J. Simpson's Criminal, Civil Trials Differed," *Seattle Times,* February 5, 1997.

7. **for what researchers call in-group favoritism:** Jacob M. Rabbie and Murray Horwitz, "Arousal of Ingroup-Outgroup Bias by a Chance Win or Loss," *Journal of Personality and Social Psychology* 13, no. 3 (1969): 269–277; Henri Tajfel, "Social Psychology of Intergroup Relations," *Annual Review of Psychology* 33, no. 1 (1982): 1–39.
8. **when people were brought into a laboratory:** Henri Tajfel, "Experiment in Intergroup Discrimination," *Scientific American* 223, no. 5 (1970): 96–102.
9. **The city of Miami still remembers the 1980 case:** Wilson Sayre, "Smoldering Liberty City: Remembering the McDuffie Riots," *WLRN*, May 17, 2015, http://wlrn.org/post/smoldering-liberty-city-remembering-mcduffie-riots.
10. **"As many as a dozen officers beat him":** David Smiley, "McDuffie Riots: Revisiting, Retelling Story—35 Years Later," *Miami Herald*, May 16, 2015.
11. **By some accounts, the ensuing three days:** "McDuffie Riots: Eerie Scene from Miami Race Riot of 1980," *Huffington Post*, May 29, 2013, www.huffingtonpost.com/2013/05/29/mcduffie-riots-miami_n_3353719.html.
12. **There were not only protests but rioting:** Larry Buchanan et al., "Q&A: What Happened in Ferguson?" *New York Times*, August 10, 2015.
13. **"lacks prosecutive merit and should be closed":** US Department of Justice, *Department of Justice Report Regarding the Criminal Investigation into the Shooting Death of Michael Brown by Ferguson, Missouri Police Officer Darren Wilson*, March 4, 2015, 86, www.justice.gov/sites/default/files/opa/press-releases/attachments/2015/03/04/doj_report_on_shooting_of_michael_brown_1.pdf.
14. **the research shows mixed results:** Susan E. Jackson, Karen E. May, and Kristina Whitney, "Understanding the Dynamics of Diversity in Decision-Making Teams," in *Team Effectiveness and Decision Making in Organizations*, edited by Richard A. Guzzo, Eduardo Salas, and Associates (San Francisco: Jossey-Bass, 1995); Katherine Y. Williams and Charles A. O'Reilly, "Demography and Diversity in Organizations: A Review of 40 Years

of Research," *Research in Organizational Behavior* 20 (1998): 77–140.

15. **Studies show that diversity of demographics:** Williams and O'Reilly, "Demography and Diversity in Organizations."
16. **Since there is repeated evidence that similarity:** Miller McPherson, Lynn Smith-Lovin, and James M. Cook, "Birds of a Feather: Homophily in Social Networks," *Annual Review of Sociology* 27 (2001): 415–444.
17. **the numerous studies and even meta-analyses of the research:** Clint A. Bowers, James A. Pharmer, and Eduardo Salas, "When Member Homogeneity Is Needed in Work Teams: A Meta-Analysis," *Small Group Research* 31, no. 3 (2000): 305–327; Susan E. Jackson, Joan F. Brett, Valerie I. Sessa, Dawn M. Cooper, Johan A. Julin, and Karl Peyronnin, "Some Differences Make a Difference: Individual Dissimilarity and Group Heterogeneity as Correlates of Recruitment, Promotions, and Turnover," *Journal of Applied Psychology* 76, no. 5 (1991): 675.
18. **"neither diversity on readily observable attributes":** Daan van Knippenberg, Carsten K. W. De Dreu, and Astrid C. Homan, "Work Group Diversity and Group Performance: An Integrative Model and Research Agenda," *Journal of Applied Psychology* 89, no. 6 (2004): 1009.
19. **"whether increased diversity actually adds":** Williams and O'Reilly, "Demography and Diversity in Organizations."
20. **"team of rivals":** Doris Kearns Goodwin, *Team of Rivals: The Political Genius of Abraham Lincoln* (New York: Simon & Schuster, 2005).
21. **"You're not looking for people who are just like you":** Carrie Schwab-Pomerantz, interview with the author, June 2015.
22. **one of her favorite books is *Team of Rivals:*** Carrie Schwab-Pomerantz, "Being a Leader Isn't About You—It's About Them," *LinkedIn,* July 6, 2015, www.linkedin.com/pulse/how-i-lead-being-leader-isnt-you-its-them-carrie-schwab-pomerantz.
23. **Whitney Mortimer, partner and chief marketing officer:** "Program for International Women's Forum Northern California," IDEO offices, San Francisco August 3, 2015.

24. **So has his senior vice president of marketing:** Nora Denzel, interview with the author, February 10, 2014.
25. **Catherine Lelong, who worked at Wolff Olins:** Catherine LeLong, interview with the author, August 11, 2014.
26. **She may be one of the most open people:** Jenny Johnson, interviews with the author, May 16, 2014, and June 15, 2014.
27. **a field study in which groups of four or five:** Linn Van Dyne and Richard Saavedra, "A Naturalistic Minority Influence Experiment: Effects on Divergent Thinking, Conflict, and Originality in Work-Groups," *British Journal of Social Psychology* 35, no. 1 (1996): 151–167.
28. **"identified a large number of alternatives":** Ibid., 158.
29. **One of the most ambitious naturalistic studies:** Robert S. Dooley and Gerald E. Fryxell, "Attaining Decision Quality and Commitment from Dissent: The Moderating Effects of Loyalty and Competence in Strategic Decision-Making Teams," *Academy of Management Journal* 42, no. 4 (1999): 389–402.
30. **"they work with more, rather than less":** Kathleen M. Eisenhardt, Jean L. Kahwajy, and L. J. Bourgeois III, "How Management Teams Can Have a Good Fight," *Harvard Business Review* (July-August 1997).
31. **Dissent has been found to increase:** Deborah H. Gruenfeld, "Status, Ideology, and Integrative Complexity on the US Supreme Court: Rethinking the Politics of Political Decision Making," *Journal of Personality and Social Psychology* 68, no. 1 (1995): 5–20.
32. **This concept is akin to divergent thinking:** Peter Suedfeld, Philip E. Tetlock, and Siegfried Streufert, "Conceptual/Integrative Complexity," in *Motivation and Personality: Handbook of Thematic Content Analysis,* edited by Charles P. Smith et al. (New York: Cambridge University Press, 1992), 393–400.
33. **One study of Supreme Court decisions:** Gruenfeld, "Status, Ideology, and Integrative Complexity."
34. **"to go along and to get along":** Dale Carnegie, *How to Win Friends and Influence People* (New York: Simon & Schuster, 1936).

35. **"not get out of the angioplasty business":** Jeffrey A. Sonnenfeld, "What Makes Great Boards Great," *Harvard Business Review* 80, no. 9 (2002): 106–113.
36. **Recent books like Tom Kelley's *The Ten Faces of Innovation:*** Tom Kelley, with Jonathan Littman, *The Ten Faces of Innovation: IDEO's Strategies for Beating the Devil's Advocate and Driving Creativity Throughout Your Organization* (Garden City, NY: Doubleday, 2005).
37. **Thus, in 1587, they instituted a practice:** Ricard Burtsell, "Advocatus Diaboli," in *The Catholic Encyclopedia*, vol. 1 (New York: Robert Appleton Co., 1907), available at *New Advent*, www.newadvent.org/cathen/01168b.htm.
38. **the devil's advocate is but one mechanism:** Rebecca Leung, "The Debate over Sainthood," *CBS News*, October 19, 2003, www.cbsnews.com/news/the-debate-over-sainthood/.
39. **Devil's advocate was the antidote favored by Irving Janis:** Janis and Mann, *Decision Making*.
40. **"evaluate risks and benefits with equal vigor":** *Harvard Business Review* et al., *HBR's 10 Must Reads on Making Smart Decisions*, jacket cover.
41. **Available research on the devil's advocate technique:** Richard A. Cosier, "The Effects of Three Potential Aids for Making Strategic Decisions on Prediction Accuracy," *Organizational Behavior and Human Performance* 22, no. 2 (1978): 295–306; Ian I. Mitroff and Richard O. Mason, "The Metaphysics of Policy and Planning: A Reply to Cosier," *Academy of Management Review* 6, no. 4 (1981): 649–651.
42. **So, too, can its sister technique, dialectical inquiry:** Gary Katzenstein, "The Debate on Structured Debate: Toward a Unified Theory," *Organizational Behavior and Human Decision Processes* 66, no. 3 (1996): 316–332.
43. **which has shown some promise in lowering bias:** Charles G. Lord, Mark R. Lepper, and Elizabeth Preston, "Considering the Opposite: A Corrective Strategy for Social Judgment," *Journal of Personality and Social Psychology* 47, no. 6 (1984): 1231–1243; Edward R. Hirt, Frank R. Kardes, and Keith D. Markman, "Activating a Mental Simulation Mind-set Through Generation

of Alternatives: Implications for Debiasing in Related and Unrelated Domains," *Journal of Experimental Social Psychology* 40, no. 3 (2004): 374–383.

44. **It no longer featured the robust conflict:** Charlan Nemeth, "Interactions Between Jurors as a Function of Majority vs. Unanimity Decision Rules," *Journal of Applied Social Psychology* 7 (1977): 38–56.

45. **I undertook the first study when three graduate students:** Charlan Jeanne Nemeth et al., "Improving Decision Making by Means of Dissent," *Journal of Applied Social Psychology* 31, no. 1 (2001): 48–58.

46. **This technique has been found to be very useful in tracking:** John T. Cacioppo and Richard E. Petty, "Social Psychological Procedures for Cognitive Response Assessment: The Thought-Listing Technique," *Cognitive Assessment* (1981): 309–342.

47. **Our findings had shown that there is a reason to be cautious:** Dorothy Leonard and Walter Swap, *When Sparks Fly: Igniting Creativity in Groups* (Boston: Harvard Business School Press, 1999).

48. **A second study took this a step further:** Charlan Nemeth, Keith Brown, and John Rogers, "Devil's Advocate Versus Authentic Dissent: Stimulating Quantity and Quality," *European Journal of Social Psychology* 31 (2001): 707–720.

49. **a pumped-up version of devil's advocate:** Cass R. Sunstein and Reid Hastie, "How to Defeat Groupthink: Five Solutions," *Fortune,* January 13, 2015.

50. **I had the occasion to interview its founder:** Ankur Luthra and Brendan Nemeth, interview with the author, October 17, 2016.

51. **if Finchwood wants to buy stock XYZ:** "Short selling is the sale of a security that is not owned by the seller, or that the seller has borrowed. Short selling is motivated by the belief that a security's price will decline, enabling it to be bought back at a lower price to make a profit." "Short Selling," *Investopedia,* www.investopedia.com/terms/s/shortselling.asp (accessed December 23, 2016).

52. **An international icon, she had been widely applauded:** "Mother Teresa," *Wikipedia*, https://en.wikipedia.org/wiki/Mother_Teresa (accessed December 23, 2016).
53. **That fierce critic was none other than Christopher Hitchens:** "Christopher Hitchens," *Wikipedia*, https://en.wikipedia.org/wiki/Christopher_Hitchens (accessed December 23, 2016).
54. **Hitchens had criticized Mother Teresa:** Christopher Hitchens, "Mommie Dearest," *Slate*, October 20, 2003, www.slate.com/articles/news_and_politics/fighting_words/2003/10/mommie_dearest.html.
55. **"his argument was irrelevant":** Leung, "The Debate over Sainthood."

结语　让我们欢迎异议，欢迎"捣乱者"

1. **For example, one shows a boss:** "Dissent Cartoons and Comics," *CartoonStock*, www.cartoonstock.com/directory/d/dissent.asp (accessed December 23, 2016).
2. **"I encourage dissent":** Harry Hongda Wu and George Vecsey, *Troublemaker: One Man's Crusade Against China's Cruelty* (West Palm Beach, FL: NewsMax Media, 2002), 49–55.
3. **"A lone dissenter risks his life":** "15 Rare Historical Photos You've Never Seen Before!" *BoredomBash*, December 5, 2014, http://boredombash.com/15-rare-historical-photos/.
4. **"The only way I can get you to do anything":** Carnegie, *How to Win Friends and Influence People*, 19.
5. **Most, but not all, of the research shows some value:** Cosier, "The Effects of Three Potential Aids."
6. **the devil's advocate does not have the vigor:** Nemeth et al., "Devil's Advocate Versus Authentic Dissent."
7. **these techniques may have unintended negative consequences:** Nemeth et al., "Improving Decision Making by Means of Dissent."
8. **whose mission is to advance health, education, and equity:** Denise Dunning, interview with the author, December 2016.
9. **She doesn't pursue these goals by building schools:** Denise Dunning, interview with the author, March 26, 2015.
10. **a young woman from Malawi:** Reception for Let Girls Lead, March 18, 2015, San Francisco.

11. **Memory had started on her journey:** Joyce Hackel, "Memory Banda Escaped Child Marriage in Malawi, but Her 11-Year-Old Sister Wasn't So Lucky," *PRI*, March 12, 2015, www.pri.org/stories/2015-03-12/memory-banda-escaped-child-marriage-malawi-her-11-year-old-sister-wasnt-so-lucky.
12. **Malawi raised the legal age of marriage:** Denise Dunning and Joyce Mkandawire, "How Girl Activists Helped to Ban Child Marriage in Malawi," *The Guardian*, February 26, 2015.
13. **people need to feel safe in expressing dissent:** Nemeth, "Managing Innovation."
14. **Such a group has a chance to become a "hot group":** Harold J. Leavitt and Jean Lipmen-Blumen, "Hot Groups," *Harvard Business Review* (July/August 1995), https://hbr.org/1995/07/hot-groups.
15. **Jane Wales, CEO of the World Affairs Council:** Jane Wales, interview with the author, March 2014.
16. **Dale Carnegie advised that we be nice:** Carnegie, *How to Win Friends and Influence People*.
17. **Osborn, who gave us the four brainstorming rules:** Osborn, *Applied Imagination*.
18. **as studies in the United States and France have confirmed:** Nemeth et al., "The Liberating Role of Conflict in Group Creativity."
19. **If the dissent is correct:** This is essentially a paraphrase from John Stuart Mill's book *On Liberty:* "If the opinion is right, they are deprived of the opportunity of exchanging error for truth: if wrong, they lose, what is almost as great a benefit, the clearer perception and livelier impression of truth, produced by its collision with error." Mill, *On Liberty* (New York: Simon & Brown, 2012), 17–18.
20. **scandals such as the rogue trader known as "the London Whale":** Patricia Hurtado, "The London Whale," *Bloomberg*, April 23, 2015, www.bloombergview.com/quicktake/the-london-whale.
21. **risk limits were breached more than three hundred times:** Ibid.
22. **"The beginning of thought is in disagreement":** Eric Hoffer, *The Passionate State of Mind: And Other Aphorisms* (Perennial Library, 1955).

